VIOLETTA DIMA

BASTA FALLIRE

Un Viaggio A 360° Tra Il Mondo Interiore Ed Esteriore Per Il Successo Nel Network Marketing e Nella Vita

Titolo

"BASTA FALLIRE"

Autore

Violetta Dima

Editore

Bruno Editore

Sito internet

http://www.brunoeditore.it

Sommario

Ringraziamenti

Voglio innanzitutto ringraziare chi mi sta leggendo e ha deciso di darmi la sua attenzione.

Voglio ringraziare la vita che mi ha portato una serie di alti e bassi che mi hanno fatto arrivare fin qui.

Voglio ringraziare Giacomo e tutto il suo staff per il supporto dato dall'inizio alla fine a questo libro.

Voglio anche ringraziare mio marito che si è preso in carico un sacco di fatiche per lasciarmi tempo da dedicare a questo lavoro.

Grazie anche ai miei mentori Vincenzo e Miranda, che mi hanno aiutato a crescere e ad acquisire la consapevolezza delle infinite potenzialità che tutti noi abbiamo e del "se vuoi, puoi".

Prefazione

Questo non è un libro di crescita personale, è più un libro di rottura personale, perché ti costringe a riconsiderare alcuni aspetti della tua vita che magari vanno in automatico da anni. Sicuramente alcuni concetti ti sono già noti. O almeno potrebbe sembrare così, come a me sembrava tempo fa.

Infatti, io stessa ho fatto tanti percorsi formativi ma, nonostante questo, spesso mi ritrovavo ad avere comunque difficoltà, non solo nel riuscire a fare qualcosa, ma anche nella vita in generale. Avevo entusiasmo, voglia di fare e tanti buoni propositi, ma c'era sempre qualcosa che non andava. Nonostante apprendessi varie strategie vincenti, non riuscivo ad applicarle. O non del tutto. Sentivo che sotto sotto c'era sempre qualcosa che mi bloccava o mi frenava. Con il tempo ho capito che questi freni, questi ostacoli, avevano a che fare con me e non con gli strumenti che mi venivano dati.

Infatti in questo momento ritengo che si debbano creare innanzitutto le basi della reale crescita personale.

So che non è facile chiederti di essere d'accordo con me adesso, e non ho intenzione di chiedertelo in questo momento. Ormai però sei qui, hai preso in mano il libro e lo hai aperto. Lo stai già leggendo. Più leggerai, più potrai scoprire cose di tuo interesse. Più scoprirai cose che a oggi ignori, ma che sono interessanti da sapere, più potrai capire i benefici che ne potresti trarre.

Sono io che mi chiedo se sia possibile avere la tua pazienza di leggere fino in fondo e, dopo, essere d'accordo o no.

Buona lettura.

Introduzione

Con l'età matura si è accresciuto il mio desiderio di capire perché succedono le cose, oltre che di comprendere il loro funzionamento. Mi veniva spiegato come funzionavano le cose di mio interesse ma, allo stesso tempo, mi appassionava andare alla ricerca delle cause che determinavano quelle specifiche cose. Volevo comprendere perché e come avvenivano, prima ancora di capire come funzionavano.

Partendo dal presupposto che è il mio primo approccio alla scrittura, scrivo queste righe con il desiderio di riuscire a fare un po' di luce su tante domande che una persona si potrebbe fare nel suo intimo, specialmente quando sente di non riuscire a uscire dalla trappola dei pensieri limitanti e auto-vincolanti, dai tanti meccanismi subdoli che, a differenza di qualcun altro, la bloccano nel mondo del «Ma dove vuoi andare? Non fa per te...»

Questo libro nasce con l'intento di dare almeno uno spunto

d'ispirazione a te che ti occupi di network marketing, anche se mi rendo conto che potrebbe essere d'ispirazione per la vita di qualsiasi persona anche non appartenente a questa categoria, perché si rivolge all'uomo che sta dietro a ogni storia lavorativa, e quindi si rivolge alla vita stessa.

Poiché nasce con questo intento, ti assicuro che potrebbe esserti utile nella vita di tutti i giorni. Per la precisione nasce dopo una lunga esperienza nel campo del network marketing, che risale al 1993, e da un momento di profonda riflessione seguito ad alcuni eventi che mi sono capitati ultimamente.

Già prima, però, e nonostante un certo tipo di esperienza, riflettevo sul perché alcune persone riescono a emergere in questo campo e altre no. È vero, il mondo sta cambiando, specialmente dopo la fine dell'era industriale del 1989 e con il passaggio all'era informatica. Tutto è cambiato: il modo di relazionarsi, di comunicare, di divertirsi e di lavorare. Indubbiamente il *modus operandi* dei tempi passati non è più adatto al nuovo modo di vivere.

Vedo persone sempre più propense all'evoluzione digitale. La vita stessa si è trasformata in base a questo. Infatti le nuove generazioni sono lontane anni luce dal padroneggiare il mondo digitale. Sono le generazioni che non hanno sofferto i cambiamenti perché sono nate proprio nell'era della digitalizzazione. Le generazioni precedenti hanno dovuto adeguarsi, anche perché resistere al cambiamento avrebbe voluto dire soltanto sofferenza. Lo hanno fatto in tanti, se non la maggior parte. Ormai anche la nonna usa WhatsApp. Abbiamo fatto tante cose, eppure...

Per tornare al discorso del network marketing, vedo persone all'avanguardia che si rendono visibili al mondo grazie al web, ai social network. Il mondo della formazione ha preso il sopravvento. E va bene, perché da qualche parte bisogna imparare. Io stessa aiuto le persone ad addentrarsi in questo mondo dando formazione e informazione di supporto. Altre fanno dei percorsi avanzati per migliorare sempre di più.

Eppure qualcuno riesce sfondare e qualcun altro no. C'è chi ce la fa per un po' e poi finisce nell'ansia da prestazione, che lo blocca impedendogli di andare avanti. Poi, nel dubbio, mette in discussione l'azienda per la quale ha lavorato per anni, il progetto che fino al giorno prima era fantastico e che adesso non lo è più. Poi ne prova un altro e ricomincia con entusiasmo... per poi finire nella stessa trappola.

Perché tutto questo? Sì, la formazione ti insegna a essere motivato, a crederci, a pensare positivo, ad agire per raggiungere l'obiettivo prefissato. Eppure non funziona per tutti. Allora mi sono chiesta: perché nello stesso contesto geopolitico, culturale ed economico c'è chi ce la fa e chi no? Perché tutti quegli insegnamenti per qualcuno funzionano e per qualcun altro no? Perché ci si blocca mentalmente ed emotivamente? Perché c'è chi è in carriera ma non riesce a godersi i risultati?

Era sempre più evidente che ci fosse qualcosa di invisibile che era fortemente presente e ostacolante. E da qui nasce questo libro.

Capitolo 1:
Chi sono

Le acque scintillanti del Danubio erano magnifiche viste dal prato della sontuosa villa delle cerimonie della mia città. Attorno a me era tutto un pullulare di musica e conversazioni, un risuonare di bicchieri e l'aria della dolce estate in arrivo era profumata dall'odore dei fiori di tiglio sovrapposta a quello speziato della carne alla griglia. Accanto a me, al tavolo principale, stava seduto il direttore dell'ospedale dove lavoravo che chiacchierava con tutto il gruppo di lavoro e gli ospiti dalla Direzione Sanitaria. Avevo 23 anni ed ero alla festa più importante e ambita del mio nuovo incarico di caposala.

I miei genitori non riuscivano neanche a stare seduti dall'emozione e dalla commozione. Erano tutti elettrizzati perché si sentivano testimoni della coronazione di un sogno, anche del sogno collettivo di una posizione sociale altamente collocata e, ai tempi, molto ben remunerata. Avevo faticato anni per raggiungere quell'obiettivo. Andata via di casa quando ero ancora bambina, a 14 anni, per vivere da sola in una città sconosciuta, senza genitori e in una specie di collegio con altre sette bambine nella stanza per studiare nel miglior liceo e ottenere il massimo dei voti per raggiungere infine la tanto ambita Università di Scienze Infermieristiche.

I miei mi avevano spronato a farlo perché lo ritenevano un futuro degno, che avrebbe potuto garantirmi sicurezza e anche una pensione serena. Per avere successo, dovevo solo fare tutto per bene. E stavo proprio iniziando ad averlo, quel successo. Era una sensazione fantastica aver ricevuto l'onore di essere stata nominata e riconosciuta dal direttore dell'ospedale in persona. I miei professori, i miei genitori, i miei colleghi e amici erano tutti euforici per me. Era la ricompensa per tutte le ore di studio e tutti i sacrifici fatti dai miei genitori e da me. Ce l'avevo fatta. Ed ero lì, con tutta la mia bellissima e promettente carriera davanti.

Eppure, nel profondo, sapevo di avere un problema. Da piccola me ne stavo nella mia stanzetta e guardavo il cielo stellato dalla finestra sognando di poter raggiungere le stelle, spostarle in un disegno che piaceva a me, fare, insomma, quello che volevo. E se volevo far diventare le stelle la mia collana, potevo farlo. Sognavo di essere come Superman e di aiutare le persone, aiutare il mondo a cambiare. E potevo fare tutto, perché continuavo a sognare. Non mi accorgevo del mondo che stava fuori e nulla mi importava. E, finché le cose andarono così, tutto era perfetto e nulla impossibile.

Con l'età, le voci del mondo esterno iniziarono farsi sentire sempre di più. Così mi fu spiegato per filo per segno cosa fosse il bene e cosa il male, cosa bisognasse fare e cosa non fare, cosa ci fosse permesso e cosa no. Così, tutto a un tratto smisi di sognare. Iniziai a vivere i miei limiti tutti i giorni pensando che fosse normale. E, come tutte le persone normali, iniziai a fare la vita degli altri convinta che fosse la mia. Però la sensazione di avere un problema nel profondo saliva a galla sempre più spesso.

Prima del giorno della nomina a caposala, più di una volta mi ero soffermata a guardare i miei colleghi che si sentivano realizzati e soddisfatti del loro lavoro e del loro ruolo sociale. Non riuscivo a calarmi nella parte. Pensavo a come dovesse essere bello sentirsi così. Pur essendo lì con loro, non mi sentivo parte integrante dell'ambiente che mi circondava. La mia vocina interiore mi dava segnali di incompatibilità con quello che ero, che sentivo e che desideravo. Ma non mi era mai stato permesso di esplorare quello che poteva far risuonare la mia anima, perché chi mi precedeva mi aveva spiegato cosa andasse bene e cosa no.

Perché ti ho raccontato questi aneddoti e ti ho fatto condividere alcune mie riflessioni? Per darti i presupposti di conoscermi meglio. E adesso, permettimi di presentarmi.

Ciao! Sono Violetta Dima, una donna adulta che, come te, aveva una bella vita normale. Mi occupo di network marketing e coaching come Life Coach e Trainer, e sono laureata presso la National Federation of Neurolinguistic Programing (USA). Sono nata all'estero, in un paese ex-comunista, la Romania, dove le regole di comportamento erano ancora più rigide del normale, tanto da farmi smettere di sognare in tenera età.

Oltre le totali privazioni di libertà, e persino della parola, ci veniva spiegato che per essere bravi cittadini bisognava metterci il massimo impegno (e questo poteva anche andare bene) e dedicare tutte le forze al bene supremo dello stato e del dittatore. L'uguaglianza era il motto della società di quei tempi, dove tutti dovevano essere uguali nel non avere nulla, perché a prendere il meglio ci pensava quella manciata di persone che ci guidava. Ma non voglio addentrarmi in questioni politiche che non mi competono. Ti dico questo solo perché tu possa farti un'idea del tipo di società che ci condizionava culturalmente, per farti capire che tipo di voci arrivavano dall'esterno a quella bambina piena di sogni e di fiducia che tutto fosse possibile.

Come in tanti altri paesi, ho ricevuto la classica educazione secondo cui per diventare una persona realizzata bisogna studiare per imparare un mestiere, farsi assumere in un posto statale garantito, lavorare da dipendente e formare una propria famiglia. Senza farsi però altre domande. Il massimo dell'autorealizzazione personale era questo.

Era così da decenni e quel vivere era talmente normale che anche le domande che avrebbero potuto travalicare i confini di tutto questo erano totalmente scomparse. Quel popolo fiero, che non si era mai piegato ai compromessi, che aveva combattuto per secoli per la sua libertà e la sua integrità, che aveva trasmesso ai discendenti l'amore per la conoscenza, per la cultura e per la spiritualità, era ormai in ginocchio. Quei valori altissimi, che ci avevano dato i nostri antenati, lentamente, come i sogni della bambina, erano stati sepolti.

E sarebbe andato tutto liscio se non fosse stato per un errore fatto *in extremis* dopo la metà degli anni Ottanta. Dopo avere isolato il popolo geograficamente, dopo averne quasi annientato il meraviglioso spirito, gli tolsero anche il cibo, portando ai limiti della sussistenza quasi tutta la popolazione. Furono questi i motivi che, nel 1989, portarono alla caduta del comunismo e della dittatura.

Nei primi anni successivi, quelli della cosiddetta democrazia, non è stato altro che confusione. I saldi valori ereditati dai nostri avi, e in base ai quali ero stata educata, iniziarono a barcollare. L'abuso di potere era diventato consuetudine a qualsiasi livello. Ebbi pertanto modo di conoscerlo anche nel mio tanto ambito posto di lavoro. Per far studiare me e mia sorella, e per darci la "sicurezza" di un lavoro garantito, i miei genitori non si erano mai concessi una vacanza. Adesso che avevo ottenuto finalmente il famoso "lavoro sicuro", dopo tanti sacrifici, e dopo aver esaurito tutti i risparmi della mia famiglia, mi toccava confrontarmi anche con la nuova era: l'era degli abusi di potere.

Come dicevo all'inizio, mi sono formata come infermiera professionale, e poi come caposala, presso l'ospedale della città che era capoluogo della mia provincia. Finalmente avevo raggiunto lo *status* ideale per avere la sicurezza. Tuttavia non avevo preso in considerazione la nuova era appena iniziata né il fatto di essere una giovane donna sola in una società piena di preconcetti, dove l'abuso di potere era la regola e il mobbing non era sanzionato dalla legge. Qualche anno dopo la mia assunzione, ho subito una situazione di mobbing in cui le strade erano due: o scendevo a compromessi per mantenere tutto ciò che avevo conquistato con fatica e onestà, o davo retta ai miei valori e rimanevo disoccupata e con delle referenze negative che non mi avrebbero più permesso di sistemarmi.

Poco tempo prima di trovarmi in questa situazione, avevo assistito per caso alla presentazione a domicilio di un'azienda di network marketing. Avevo ascoltato parole mai sentite prima in un ambiente totalmente sconosciuto. In un paese uscito dal comunismo da poco e con una mentalità sedimentata per decenni, qualsiasi lavoro presso una società privata era considerato una potenziale truffa. Di una società privata, che per giunta non assumeva, c'era assolutamente da diffidare. Considerando che ero anche estremamente timida, non avrei mai preso in considerazione un'offerta del genere. Solo che mi trovavo davanti a un bivio: o accettavo di annientare la mia persona e i miei valori sottomettendomi alle pressioni del mio dirigente e alle sue regole, o ingoiavo la timidezza e "aprivo quella porta".

Il pensiero di calpestare la mia dignità di donna libera, autonoma e integra mi spaventava di più dell'idea di affrontare la mia timidezza e avventurarmi in un mondo totalmente sconosciuto, "non sicuro" e non garantito. Ringrazio ancora oggi la vita ogni volta che mi si presenta una "disgrazia". Tutte le volte mi chiedo: perché quella situazione è perfetta per me? Perché, se non avessi vissuto quella disavventura, non avrei mai scoperto il meraviglioso mondo del network marketing con tutto quello che ne consegue. Come diceva Steve Jobs, guardando indietro nel tempo, si uniscono i puntini.

Ricordo come se fosse ieri il giorno in cui ho letteralmente gettato le mie dimissioni in faccia al mio responsabile. Provavo rabbia, frustrazione, paura, coraggio e orgoglio allo stesso tempo. I battiti cardiaci accelerati non mi facevano più sentire le gambe, la testa mi girava, un tremolio percorreva tutto il mio corpo. Non riuscivo a pensare a nulla: una sensazione di vuoto, di buio, di gelo lungo la schiena. Dovevo decidere in quel momento o mai più.

Ho pensato: di chi mi devo fidare? Di me o di quello che mi dicono gli altri? E ho fatto vincere me. Adesso che ci penso, mi ha salvato proprio la velocità nel prendere la decisione. Fa sempre la differenza. Spesso stiamo lì a rimuginare, a rimandare, senza pensare alla cosa più importante: che il tempo è vita. Tendiamo sempre a dare per scontato che il giorno giusto sarà domani quando invece la vita è qui e ora.

Il passato non c'è più, il futuro è nella nostra mente. Tutto ciò che abbiamo è ora. E, grazie a quel disguido, ho scoperto che, fuori dai miei limiti mentali e da quelli della società, esisteva un mondo immenso e diametralmente opposto a quello che ero convinta che fosse. Così, ho scoperto che ognuno di noi vive all'interno di una bolla di realtà e non riesce quasi mai a scorgere cosa ci sia oltre. Tranne quando ci pensa la vita. Chi mi conosce mi sente ripetere spesso: la vita è perfetta.

Ho avuto modo di capire cosa voglia dire questo aforisma: «Colui che ha certezze assolute è irrimediabilmente pazzo». Ho avuto modo di scoprire che le possibilità siamo noi a crearcele. Grazie a quella disavventura, ho scoperto un mondo totalmente nuovo e diverso, fatto di valori, rispetto, meritocrazia e, cosa più importante per me, di autonomia nelle scelte e nelle decisioni.

Lì sono rinata. Oltre ad essere cresciuta tantissimo a livello personale, sono riuscita ad avere uno stipendio ben al di sopra dello stipendio medio nazionale in appena pochi mesi. Sono riuscita ad aiutare i miei genitori e a ricompensarli per tutti i sacrifici fatti per me. Ma la cosa più importante è che ho capito che la libertà ha tutto un altro significato. Essere libera non voleva dire fare quello che i condizionamenti sociali mi avevano convinta che potessi fare, ma essere autonoma nelle decisioni e nelle scelte e fare quello che mi piaceva. Aiutare le persone era quello che mi piaceva di più e, più lo facevo, più ne conseguiva la libertà finanziaria. Avevo capito che, se non ti piace aiutare le persone, il network marketing non fa per te. Se per te le persone sono dei numeri utili al tuo scopo, è meglio che cambi mestiere.

Poi ci ha pensato la vita a buttarmi giù di nuovo facendomi vivere un crack economico totale. Per inesperienza, e per tanti motivi che ho capito solo dopo, ho perso tutto il denaro e tutto quello che avevo costruito. Alcuni miei colleghi, che non sopportavano di vedermi riuscire, avevano fatto in modo di farmi accusare dall'azienda per dei materiali scomparsi per mano loro e di convincerla a bloccarmi il codice.

Non sono mancati neanche i tradimenti a livello personale. Il mio ex-compagno mi mentì sul suo stato di single e portò avanti due relazioni contemporaneamente. Non mi sono fatta mancare nulla per buttarmi in caduta libera e senza corda in un ampio buco nero. Non ragionavo più, subivo dei blocchi mentali ed emozionali tali da pietrificarmi da quanto sentivo la tensione. Tutta la mia spensieratezza, la mia gioia di comunicare, di relazionarmi e di vivere, era andata in frantumi. Non sapevo più chi fossi, né di cosa fossi capace. Provavo soltanto un senso della nullità, di vuoto.

Avevo perso la bussola e non vedevo più niente. Provavo ad aggrapparmi a ogni cosa per rimediare, finendo per avere 4/5 lavori in contemporanea. Come contorno a tutto ciò, arrivò anche la crisi inflazionistica, quella vera e in continua espansione. Il denaro che prima valeva prima mille, adesso ne valeva cento. Il valore del mio stipendio, originariamente un signor stipendio, era diventato pari all'affitto. L'ambiente circostante era in declino, sempre di più. Un popolo da poco diventato democratico era ancora una volta alla deriva.

Gli arricchiti avevano velocemente ribaltato il sistema di valori appena riacquisito. È inutile dire che, come donna single, mi sono ritrovata nuovamente spiazzata. Una società ormai sfinita dai tanti problemi economici si trovava di nuovo in una sorta di dittatura, ma questa volta imposta dal re denaro, accumulato senza scrupoli e in qualsiasi maniera. Nuovamente all'orizzonte si stagliavano angoli chiusi e la prospettiva di grossi compromessi per emergere. Infatti, in quel momento, e contro qualsiasi principio, era diventato il paese di tutte le possibilità. La corruzione regnava sovrana. Mi sembrava di essere su una giostra velocissima senza la possibilità di pensare ad altro, tranne che di dovermi fermare.

Dopo qualche anno, quando avevo perso ogni speranza, mi venne l'idea di scappare all'estero. Altri tre anni a brancolare nel buio e provando ad andare, con un contratto del Ministero della Salute, in Kuwait o Libia, senza valutare assolutamente i rischi che potevo trovare in un paese sotto embargo e in una società musulmana e priva di tutela. Per me, peggio di così non poteva andare.

Fortunatamente quella crisi si è prolungata. Dico questo perché l'unico paese attivo nei rapporti economici con il mio paese era la Libia, che però non fece nulla per quasi 3 anni, non diede nessuna risposta. Così ebbi modo di trovare un'altra offerta, anche se non a livello ministeriale, ma privata, di una cooperativa italiana. Nel frattempo cercavo di vivere in attesa che passassero altri due anni con spese che non potevo più permettermi. Dopo questo periodo, finalmente sono riuscita ad arrivare in Italia con un contratto di lavoro legale e senza compromessi, il che era vitale per me. Per quanto non fosse uno dei contratti migliori e presumesse un certo sfruttamento della forza lavoro, per me era straordinario, perché mi aveva dato la possibilità di riprendere in mano la mia vita.

Certo, ero tornata a fare l'infermiera perché era l'unica condizione per avere il permesso di soggiorno. Mi vendevo nuovamente la vita per 10/12 ore al giorno e per un salario inferiore ai clandestini che raccoglievano i meloni, però la cosa più importante l'avevo riconquistata: la dignità. Riuscivo finalmente pagarmi tutte le utenze. Mi avanzavano soltanto 100 euro al mese per vivere, ma ero felice perché non dovevo rendere conto a nessuno. Restava sempre la domanda: cosa posso fare di più? Quello che sapevo fare era il network marketing, ma c'era un problema: l'ostacolo della lingua. Mi sono impegnata per tre mesi giorno e notte per apprendere la bellissima lingua di Dante.

Ed ecco che ancora una volta sono approdata al mondo del network marketing con la prima azienda che incontrai ai tempi. E ancora una volta il network è riuscito a togliermi dai problemi e mi ha aiutato a riconquistare, oltre la libertà, quell'autonomia che ricordavo. Posso dire di aver fatto da cavia per dimostrare che, indipendentemente da chi si è o si pensa di essere, e indipendentemente dal posto in cui ci si trova, questo è un sistema vincente sempre e dovunque, a patto che lo si usi con professionalità.

Come sempre, anche qui sono riuscita ad aiutare tantissime persone e a uscire finalmente dalla ruota del criceto, ritrovando tutta la gioia di vivere che in passato mi accompagnava. Ho sempre amato questo settore, perché il network è vita. Anzi, lo potrei definire un'arte. La somma di tutte le arti, come piace dire a mio marito (che è il più bel regalo che il network mi abbia fatto).

Siamo due persone che condividono la stessa passione e che si divertono lavorando. Anche se negli ultimi anni il network marketing è stato infangato, entrambi continuiamo a credere che questo sia uno dei pochi settori in grado di salvare la vita delle persone durante la crisi.

Non è soltanto un credo, ma una realtà vissuta ormai da anni. A differenza di me, mio marito (Pino Bracciodieta, che magari già conosci) ha vissuto per anni il network stando all'apice della carriera. È stato infatti il miglior distributore del mondo per 5 anni consecutivi; aveva una down line di 380.000 persone e una rendita passiva anche nei periodi in cui non lavorava, grazie proprio a un sistema vincente come il network marketing. Prima di allora, più volte e per vari motivi, come me, ha dovuto iniziare da capo più volte, in luoghi diversi e con altre aziende. Ma la conclusione è sempre la stessa, nonostante le diffamazioni: il network marketing è il miglior business di tutti i tempi.

Oltre le mie riflessioni in apertura, c'è anche un mito da sfatare: che il network marketing sia la via facile e veloce per diventare ricchi, un modo di fare tanti soldi rapidamente e senza sforzo. Devo confessarti una cosa: sono stanca di vedere questi falsi profeti, sempre più numerosi, specialmente nel mondo on line, che propongono soluzioni miracolose e che rendono le persone oneste e leali vittime non del mondo del network marketing ma del mondo dei mercenari del network marketing, che non ha nulla a che vedere con quella che ormai è una realtà potentissima da più di sessant'anni e diffusa in tutto il mondo. E la cosa più straordinaria è che, praticandolo con professionalità, oltre tutte le soddisfazioni che può offrire, il network marketing ti rende una persona decisamente migliore.

RIEPILOGO DEL CAPITOLO 1:

- SEGRETO n. 1: La differenza la fa sempre la velocità di decisione.

- SEGRETO n. 2: Non scoraggiarti mai; per ogni momento di crisi, c'è un momento di svolta positiva della tua vita.

- SEGRETO n. 3: Non procrastinare. Il tempo è vita. Il passato non c'è più. Il futuro è nella nostra mente. La vita è qui e ora.

- SEGRETO n. 4: I limiti di quello che possiamo fare stanno solo nella nostra mente.

- SEGRETO n. 5: Il network marketing è un settore meritocratico fatto di valori, rispetto e autonomia nelle scelte e nelle decisioni.

Capitolo 2:
Come fare davvero network marketing

Il network marketing è una delle professioni più discusse e anche una delle più redditizie. «È la grande onda del futuro», come diceva Jim Rohn. È il mestiere che facciamo da sempre, dico io. Ti basti pensare a come sei finito ad avere un profilo Facebook o Instagram. Sicuramente non lo hai imparato a scuola, ma tramite il passaparola. Lo stesso discorso vale se sei stato portato da un amico in Vodafone o in un sito di e-commerce per avere dei vantaggi ulteriori. L'antico passaparola c'è sempre stato.

Infatti da quando le aziende hanno capito che è il modo più potente per arrivare in maniera capillare nelle case dei consumatori, quasi tutte hanno abbracciato questo modello di business vincente. Oltre a essere vincente per loro, lo è diventato anche per tantissime persone che hanno capito al volo che questa è la migliore possibilità per acquisire l'autonomia finanziaria e non solo. Hanno capito che è il miglior modo per riprendere in mano la propria vita nel senso più ampio del termine: procurarsi un guadagno direttamente proporzionale al proprio valore, incrementare il tempo libero da dedicare a sé stessi e alla propria famiglia, raggiungere una carriera professionale senza essere dipendenti dalla simpatia o dalle decisioni di qualcun altro, oppure senza rischiare dei capitali. Sono tante ricompense che nessun altro settore è capace dare.

Ma, pur essendo un settore accessibile a tutti e potenzialmente fattibile da tutti, non funziona per tutti. Ed ecco che si scatenano altre domande sul perché tanti non ci riescono. Prima di addentrarci nel mondo del "non visibile", cui accennavo nelle mie riflessioni introduttive, bisogna fare un passo indietro e analizzare alcuni dettagli che, a mio parere, negli ultimi anni sono stati tralasciati e ignorati.

Grazie all'evoluzione dell'era digitale, sono nati nuovi metodi di lavoro, sia nel mondo on line sia in quello off line, accessibili da vari canali e facilmente raggiungibili. Anzi, c'è un bombardamento di informazioni e strumenti, ma quello che mi colpisce è che fare network marketing, invece di diventare più facile rispetto ai tempi in cui non c'era neanche il telefono, è diventato più difficile. Invece di aumentare, il numero di persone che guadagnano diminuisce sempre di più. Nonostante i metodi all'avanguardia di qualcuno nel procurarsi contatti, aumentano il turnover e la fatica necessari a raggiungere una rendita passiva e in espansione.

Invece di veder funzionare un sistema ormai avviato e avere sempre più tempo libero, aumenta l'impegno per mantenere a malapena le qualifiche e i guadagni, e al tempo stesso non diminuisce lo stress del "fine mese", il che non si può chiamare libertà. Ecco perché credo davvero che dobbiamo fare un passo indietro e analizzare cosa toglie l'accesso a tutte le soddisfazioni che comunque il network marketing continua a dare.

Professionalità
Innanzi tutto bisogna ricordare che il network marketing è una professione e come tale va trattata. Per rimanere in un'azienda, oltre alle competenze, abbiamo una serie di regole da rispettare per il buon funzionamento della stessa. Sappiamo sin dall'inizio che, se non facessimo così, perderemmo il posto di lavoro. Perché

cambiano le condizioni se parliamo di network marketing? Visto che non c'è un datore di lavoro che ci controlla, né un timbrare il cartellino che penalizza se si arriva in ritardo o se si salta un giorno, allora riteniamo di essere liberi di fare quello che vogliamo. È per questo che abbiamo scelto di fare network, no? Per essere liberi.

Peccato che la libertà molte volte venga fraintesa. Siamo sì liberi di organizzarci per il meglio, ma se scegliamo di essere liberi di non fare niente, non otterremo niente. Purtroppo il rovescio della medaglia del mondo on line è proprio questo. Negli ultimi cinque anni circa, in Italia si è diffusa l'idea che nel network marketing non si debba fare nulla o quasi e, per di più, in poco tempo (2 o 3 mesi) si diventi ricchi. Questo tipo di idee, "impacchettate" commercialmente da persone brave nell'online marketing, ultimamente hanno dato l'impressione che il network sia una truffa o una cosa poco seria e assolutamente non redditizia.

Il concetto del "non devi fare niente" è diventato l'aspetto più orrendo del network marketing. O meglio: "non devi fare niente; ti basta una lista di cento persone" è il massimo della non professionalità. È imprescindibile fare questo mestiere esclusivamente da professionisti, consapevoli delle proprie responsabilità e con la volontà di impegnare tutte le forze nell'acquisire i requisiti ulteriori di seguito elencati.

Competenza

Siccome il network è per tutti e qualcuno ha stabilito che non devi fare niente e che sei libero di fare quello che vuoi, non è compito tuo imparare delle competenze, in quanto il network è semplice. È vero che è semplice, ma nessuno ha detto che è facile. Presume una serie di requisiti e uno dei più importanti è proprio la professionalità, che presuppone quella che io chiamo "personalisciplina".

Molta gente purtroppo crede che il proprio livello di successo sia qualcosa su cui non ha controllo: un colpo di fortuna, il dono di una buona stella che possono sparire in un attimo. Per questo, in effetti, tutte le proposte per fare soldi facili sotto sotto ci allietano, perché siamo sempre lì a sperare che sia la volta buona. Invece non funziona così. Il successo è un'abilità e come tale possiamo apprenderla. Possiamo imparare come fare per avere successo, ma non basta, perché poi dobbiamo anche mantenerlo. È una questione di impegno personale.

Infatti il successo non viene fuori dal nulla. Occorre la volontà di crescere e di evolversi innanzitutto a livello personale, per poi impegnarsi e allenarsi continuamente per acquisire nuove abilità e competenze e diventare professionisti. Se si desiderano dei risultati eccellenti e duraturi, sono necessarie *determinazione* e *disciplina*, sia per la crescita personale sia per quella professionale. È quella stessa disciplina che ci porterà a un livello personale più elevato. Allo stesso tempo, occorre far diventare la nostra nuova personalità parte di quella disciplina, cioè della "personalisciplina".

Sarebbe come dire che, per diventare medico, basta andare alla segreteria dell'università di medicina, lasciare nome e cognome, poi eventualmente presentarsi agli insegnanti e forse frequentare l'università per cento giorni. E poi? Si mette su ambulatorio e si aspetta che i pazienti arrivino per farsi operare? Tu vorresti essere operato da un medico che ha studiato solo 100 giorni?

Allora, visto che tutti vorremmo essere operati da uno specialista, se vogliamo approdare al settore del network marketing dobbiamo farlo da professionisti. Nello spirito della "personalisciplina", con tanto di coerenza e costanza, dobbiamo decidere di acquisire le competenze necessarie, come la comunicazione, il marketing, la leadership. È utopia pensare di raggiungere l'eccellenza senza acquisire e affinare delle competenze.

Il bello è che, a differenza di altri mestieri, non si devono seguire studi universitari prima per professare dopo, ma le due cose si possono fare contemporaneamente. Il tempo per ambientarsi c'è, o comunque dovrebbe essere di supporto lo sponsor, ossia la persona che ti ha portato dentro questo meraviglioso mondo. Se per disgrazia il tuo sponsor si rivela un impostore che aspetta che la fortuna arrivi da te, oppure un principiante che ha meno competenze di te, ci sono sempre i corsi "ABC" aziendali.

Innanzi tutto devi essere molto ben preparato su tutto quello che riguarda il brand aziendale che hai scelto: prodotti, piano marketing, back-office ecc. Poi ogni azienda dà la formazione basilare necessaria per l'avvio della propria attività e, se c'è bisogno, vai alla scoperta di chi è la tua up line e che svolge l'attività da professionista. Ricordati che sei a tutti gli effetti imprenditore di te stesso e nulla ti vieta di formarti anche in autonomia. Aiutati con i libri, con i corsi tenuti da professionisti e, contemporaneamente, metti in pratica quello che stai studiando. Procedi *step by step*.

Ogni cosa che studi, proponiti di metterla in pratica il giorno dopo. Se non riesci fare qualcosa, cerca di capire perché hai sbagliato e integra con qualcos'altro. E il giorno dopo metti in pratica. Continua ad applicarti, gli studi hanno dimostrato che occorrono 10.000 ore di pratica per diventare un esperto in qualsiasi campo. Quindi, prosegui, vai avanti e continua ininterrottamente ad applicarti. Ricordati che siamo pagati soltanto per il valore che portiamo sul mercato e non per le parole. Ci vogliono coerenza, costanza e "personalisciplina" per fare quello che i performer di ogni ambito fanno.

Allenamento

Non penseresti mai che un campione olimpico che vince l'oro sia stato baciato dalla sorte il giorno della finale. Sai che dietro a quei risultati ci sono ore, giorni, settimane, mesi di allenamento. Sai che ha dovuto impegnarsi ogni singolo giorno fino alla gara, nonostante le cadute, gli incidenti di percorso e le delusioni. Sicuramente non ha dato la colpa alla maglia per la quale combatteva, o all'allenatore, o al tempo sfavorevole. Si è asciugato le lacrime e ha continuato ad allenarsi perché aveva il suo sogno e perché aveva deciso di raggiungerlo.

Perché allora nel network bisogna iniziare a dare la colpa all'azienda, ai prodotti, allo sponsor e tanto altro? Come diceva il grande Eric Worre, appena inizi devi dire allo sponsor: «Voglio ringraziarti per questa opportunità. Entrare in questo business ha significato molto per me e ti sono davvero grato di avermi fatto conoscere un'azienda nella quale credi e nella quale credo anch'io. Ma d'ora in poi, per quanto riguarda la costruzione del mio business, ricorrerò a te solo come una risorsa e mai come una scusa. Magari ogni tanto ti chiamerò. Se ci sarai, benissimo. Ma andrà bene anche se non ci sarai. Io costruirò il mio business con questo pensiero in mente: ne sono il solo responsabile».

Condivido questo pensiero, perché molte delle persone che

decidono di entrare in questa industria si aspettano che lo sponsor si sostituisca a loro. Così continuano a fare quello che hanno sempre fatto, senza impegnarsi per quello che si presume sia un progetto di network marketing, per poi dare la colpa allo sponsor e rendendo questa professione una vergogna. Le persone che non danno la loro disponibilità né si impegnano, si danno però un gran da fare on line per denigrare le aziende e le persone che fino al giorno prima erano loro amiche.

Il successo si impara, ma bisogna essere disposti a pagarne il prezzo. Nella vita nulla si raggiunge senza fare "le flessioni", ossia ciò che ti forgia, che ti aiuta crescere e a diventare migliore, che aiuta a far crescere la cosa più importante nel network marketing: *tu*.

Brand personale
Reputo che sia essenziale, prima ancora di scegliere un brand aziendale, incrementare il proprio brand personale. È vero che bisogna scegliere con attenzione l'azienda con cui collaborare, valutando bene il suo posizionamento sul mercato, la sua solidità economica, il piano marketing. Ma se inizi a fare un bel percorso

e a un certo punto si presenta un imprevisto, come nella vita può capitare, tu cosa fai?

In una delle mie attività è capitato che l'azienda è andata a fuoco. In quel caso, cosa fai? Vai a fondo anche tu? No perché, se hai lavorato al tuo brand personale, ormai vieni riconosciuto come professionista. Un professionista che si è forgiato a lungo non ha nulla da temere perché nulla lo può demolire. Diventare professionale e professionista va a incrementare il tuo brand personale a prescindere dal brand aziendale che hai scelto. La coerenza in quello che fai, l'integrità personale, l'etica e le abilità di leader che acquisisci sono le caratteristiche più importanti del tuo brand personale. Ricordati che le persone, prima di scegliere un'azienda, scelgono te.

In questo modo diventi un professionista con competenze ed esperienze che niente e nessuno ti potrà mai togliere. Oltre quanto abbiamo detto finora, grazie a queste caratteristiche sicuramente sarai in grado di fare il seguente step, vitale per il network marketing: incrementare e coltivare i rapporti.

Rapporti interpersonali e leadership

Nel network nulla è più importante dei rapporti interumani. Ho già detto nell'introduzione che, se sei uno che vede le persone come numeri utili al proprio successo, forse è meglio che cambi strada. Concettualmente il network è fatto di persone che vanno aiutate. Se non ti piace aiutare le persone, ma solo procurarti l'adulazione dei subalterni – che poi non sono altro che persone insignificanti per te – preparati a fallire. Anche se hai avuto dei risultati, non potranno durare nel tempo, perché fortunatamente questo è un settore meritocratico.

Acquisire competenze come la leadership, non vuol dire diventare il boss che comanda, ma diventare un "faro", una persona che ispira con il proprio esempio, sempre disponibile e disposta ad aiutare senza sostituirsi alla persona che sta aiutando. Il leader è colui che fa cose che servono e non cose che necessariamente piacciono. E le fa sempre bene, cercando di rendere il prima possibile la sua nuova down line autonoma e non sottometterla al suo servizio, come spesso vedo fare.

La leadership è un'abilità fatta di responsabilità e di integrità. Il leader "cammina" sulle parole che dice ed è sempre pronto ad aiutare il suo gruppo (il che però non vuol dire che debba fare tutto lui). Tutto questo fa incrementare il tuo valore personale ed entra nella genetica del tuo io professionale. Dai clienti ai collaboratori, la prima cosa che vale e che comprano sei proprio tu, non l'azienda.

Così, se capita un imprevisto all'azienda, sicuramente non ti troverai spiazzato e con una perdita totale perché non hai perso nulla. Se hai lavorato bene e non hai mai mollato la tua "personalisciplina", anche se per motivi di forza maggiore dovrai iniziare a lavorare con un'altra azienda, non dovrai rifare tutto da capo, perché anche nel momento di passaggio da un'azienda all'altra hai qualcuno che ha lavorato per te 24 ore su 24: la reputazione.

Ma anche chi segue tutte queste regole, trova difficoltà a raggiungere il successo o a mantenerlo. Analizzeremo nei prossimi capitoli il perché.

RIEPILOGO DEL CAPITOLO 2:

- SEGRETO n. 1: Il network marketing è la migliore possibilità per acquisire libertà finanziaria e per gestire al meglio il proprio tempo.
- SEGRETO n. 2: Lavorare nel network marketing presume l'acquisizione di competenze e il diventare veri professionisti.
- SEGRETO n. 3: Siamo pagati per il valore che portiamo sul mercato.
- SEGRETO n. 4: Per avere risultati duraturi, ci vogliono determinazione, disciplina, coerenza e costanza nell'impegno.
- SEGRETO n. 5: Il successo si impara.

Capitolo 3:
Come scegliere il mondo in cui vivere

Leggendo la mia storia, che sicuramente sarà comune a molti, sorge spontanea la domanda: chi ha stabilito le regole del mondo, del mondo moderno innanzitutto? Secondo lo storico Yuval Noah Harari, l'Homo sapiens è stato aiutato nella sopravvivenza dall'uso del linguaggio. Il linguaggio consente all'uomo di organizzare gruppi, condividere notizie di pericolo e opportunità, di creare usanze e abitudini. Ma il vantaggio maggiore del linguaggio è che ci ha consentito di creare un intero nuovo mondo nella nostra testa.

Possiamo usarlo per creare cose che non esistono nel mondo fisico ma che sono semplicemente "conoscenze" mentali, per stringere alleanze, formare tribù e sviluppare linee guida per la cooperazione interna ed esterna tra gruppi sempre più grandi. Ci ha permesso di formare culture, mitologie e religioni. Il linguaggio è diventato l'elemento costitutivo della cultura. Ed è per questo che i nostri genitori sanno indicarci cosa è bene e cosa non lo è, perché le generazioni che li hanno preceduti hanno trasmesso loro quello che scoprivano nel tempo, in modo da non dover più reinventare la ruota dopo che era già stata inventata.

Assieme alle scoperte della realtà fisica, ci hanno trasmesso anche le conoscenze. Certo, la cultura ha anche un suo lato oscuro. Le regole trasmesse a lungo andare si sono trasformate in sentenze. È così che dovresti vivere, è così che dovresti vestirti, è così che le donne, i bambini, i malati, gli anziani o i "diversi" dovrebbero essere trattati, il mio comportamento è giusto, il tuo è sbagliato e così via.

Il linguaggio e le regole che definiscono la nostra cultura educano le esistenze, ma possono costare anche tante vite. Pensa da quante culture diverse siamo circondati oggi. Se fossi nato musulmano e non cattolico? Quante "verità" sarebbero ben diverse? In pratica viviamo in due mondi separati. C'è il mondo della verità assoluta che contiene cose su cui tutti concordiamo – le rocce sono dure, l'acqua è bagnata, il fuoco scotta – ma c'è anche il mondo della verità relativa, il mondo mentale dove si trovano i concetti come il matrimonio, il denaro, l'educazione, il lavoro, l'amore, la libertà e ogni altro "dovresti". Semplicemente, non sono verità vere per *tutti* gli esseri umani. Quasi tutto ciò che riteniamo vero sta nella nostra testa.

Steve Jobs diceva: «Quando cresci, ti senti ripetere che il mondo va così e che devi semplicemente vivere la tua vita nel mondo, cercare di non andare a sbattere troppo forte contro i muri, cercare di crearti una bella famiglia, divertirti, risparmiare. Ma è una vita molto limitata. La vita può essere decisamente più ampia una volta che scopri un semplice fatto. E il fatto è questo: tutto ciò che ti circonda e che chiami vita è stato creato da persone non più in gamba di te. E tu puoi cambiarlo. Puoi influenzarlo. Una volta capito questo, non sarai mai più lo stesso».

Usiamo le regole, le convinzioni e quindi i condizionamenti per classificare le cose, i processi, le persone, i lavori. Ci vengono tramandate dalla nostra famiglia, dalla nostra cultura e dal nostro sistema di istruzione. Ti ricordi come ti sono venute le idee che hai sull'amore, sul denaro o sull'esistenza? Ricordi di aver mai scelto la tua religione? La maggior parte di noi non lo ricorda. Ognuno di noi vive seguendo migliaia di regole. Quando non sappiamo bene cosa fare, seguiamo l'esempio di chi è venuto prima di noi: i bambini seguono i genitori che, a loro volta, avevano seguito i propri genitori i quali, a loro volta, avevano seguito i propri genitori e così via, a ritroso nel tempo.

Ecco perché il giorno della festa della mia nomina mi sentivo catapultata in un mondo che non sentivo mio. Ecco perché mi sentivo un'estranea e intuivo di avere un problema. La giovane età mi ha aiutato ad ascoltare un po' di più quello che mi diceva il cuore e mi ha dato il coraggio e la "pazzia" necessari a licenziarmi. Mi è stato detto che ero folle, che stavo sbagliando, che ero irriconoscente, egoista.

Ma voglio farti capire questo: alcuni sostengono che il cuore sia l'organo più egoista del corpo perché tiene per sé tutto il sangue buono, quello più ossigenato, e distribuisce il resto agli organi. Perciò, in un certo senso, forse il cuore è davvero egoista. Ma se non tenesse per sé il sangue buono, il cuore morirebbe, trascinando con sé tutti gli altri organi: fegato, reni, cervello... Il cuore deve essere egoista per la sua stessa sopravvivenza.

Perciò non lasciare che qualcuno ti dica che sei egoista e che fai male a seguire il tuo cuore. Non lasciare che qualcuno ti dica cosa devi fare e di cosa sei capace oppure no. Se ti sei affacciato al mondo del network marketing, sicuramente molti "sapientoni" ti hanno detto che sei uno stupido o un fallito, che non riuscirai nel tuo intento, che non è un mestiere, che non avrai la sicurezza o, peggio, che sei un truffatore. Se il tuo cuore ti ha spinto a dire di sì a un progetto di questo tipo, segui il tuo intuito e fai riferimento alle persone che di questo settore hanno fatto il lavoro della loro vita, che hanno cambiato la propria vita grazie al network e che sanno come aiutarti a replicare la stessa strada che hanno fatto loro.

Una volta che hai fatto la tua scelta di cuore e senti che questa è la tua strada, puoi usare le regole a tuo vantaggio. In tanti sono riusciti a farsi strada in questo campo ma, per via di alcuni ostacoli, riscontrano ugualmente dei problemi nell'imitare i modelli di successo. E hanno combattuto con questi ostacoli finché qualcuno ha sviluppato la convinzione di non essere capace di farlo. Ma c'è una bella notizia. La convinzione di non essere capaci e di non farcela è come un'app dello smartphone. Si può aggiornare. Infatti questo libro nasce con l'intento di farti riflettere e darti un segnale e uno spunto su come fare per aggiornare queste app.

Abbiamo tutti il diritto – e le potenzialità – di vivere una vita straordinaria e di uscire dall'ordinario in cui siamo stati chiusi e bloccati per secoli. Il potenziale umano è infinito e questo viene dimostrato dalle tante persone normali che hanno semplicemente preso coscienza di saper fare cose straordinarie. Tutti ce la possiamo fare, se lo vogliamo. Quindi, dopo aver visto come ci ha influenzato l'ambiente culturale, è ora di capire come funzionano le cose nella loro totalità.

Anche se, in base a ciò che siamo abituati a sentire, potrebbe sembrare una spiegazione strana, pesante e difficilmente accettabile, mi sento ugualmente in dovere di dartela. Partiamo da un concetto base. Nell'Universo tutto è energia. E l'energia è vibrazione. Il ritmo vibratorio di un oggetto, compreso il corpo umano, si chiama risonanza. Quando la frequenza si altera, una parte del corpo, oppure tutto, nel complessivo, vibra in modo disarmonico. Quindi noi abbiamo sempre una vibrazione che trasmettiamo oppure che viene a sua volta influenzata da una serie di fattori.

Noi siamo abituati ad essere influenzati dalle circostanze esterne. E, fin qui, nulla di strano. Ci è capitato di provarlo quando magari abbiamo perso il lavoro o abbiamo avanzato nella carriera, quando abbiamo perso o trovato un compagno o una compagna, quando un collega o un amico ci ha detto cose non belle o ci ha fatto un complimento, quando abbiamo perso dei soldi o li abbiamo guadagnati e così via. Tutto questo influenza positivamente o negativamente il nostro stato interiore.

Purtroppo, raramente utilizziamo la legge che vale anche al contrario, quella secondo cui il nostro stato d'animo, i nostri pensieri, le nostre emozioni influenzano l'esterno. È esattamente la direzione contraria. E di questo, purtroppo, non ci rendiamo conto. O almeno non abitualmente. Esiste un modo per verificare tutto questo: controllare la nostra manifestazione nel mondo della realtà concretizzata in cose che non abbiamo ottenuto, obbiettivi che non abbiamo raggiunto oppure in aree della nostra vita che non funzionano ancora come vorremmo. Più avanti, quando avrai degli strumenti in più per fare un lavoro interiore e profondo, attento e consapevole, capirai che questa manifestazione esteriore non è altro che il risultato di qualcosa che è dentro di noi. Quindi la nostra vibrazione, i nostri pensieri e le nostre emozioni causano la manifestazione esteriore delle circostanze allo stesso modo in cui è valido anche il contrario.

So che nessuno è disposto ad accettare che gli eventuali problemi che ha nella vita siano generati da sé stesso. Per evitare un conflitto potevo fare a meno di nominare questa legge. Ma anche se facciamo finta che non esista, purtroppo funziona lo stesso. Come la legge di gravità. Anche se non mi piace che la mela che stavo mangiando cada a terra se mi scappa di mano, cade a terra lo stesso. Purtroppo, così come funziona la legge di gravità, così funziona anche la legge descritta sopra, che si chiama Legge della Reciprocità.

E sotto sotto, anche se non ci piace accettare tutto questo, sappiamo già che funziona. Ce ne rendiamo conto dai tanti pensieri inconsapevoli che abbiamo, che sono dentro di noi e che magari sono germogliati in passato, soprattutto quando eravamo piccoli. Sono entrati dentro di noi, ormai fanno parte del nostro subconscio, influenzano i nostri pensieri ricorrenti durante la giornata e sono totalmente inconsci. Questi pensieri influenzano le nostre vibrazioni che, a loro volta, influenzano le nostre circostanze esterne, che ci piaccia o no.

Ci può essere una certa resistenza nell'accettare questa legge. Da un canto però c'è la bella notizia che possiamo smettere di dare la colpa a qualcosa di esterno a noi. È ora di assumersi le proprie responsabilità al cento per cento. Questa bella notizia è integrata dal fatto che possiamo riprendere in mano il controllo della nostra vita. Vuol dire che possiamo accedere a uno strumento in più per migliorare la nostra esistenza. La nostra mente inconscia può diventare un partner e non più un "nemico" che agisce a nostra insaputa, senza che nemmeno ce ne rendiamo conto.

So che è difficile, ma adesso che sai di avere una chance in più per vivere appieno la tua vita, sta a te decidere. Prima di analizzare o fare qualsiasi cosa all'esterno, bisogna studiare cosa succede all'interno. Mi sono presa una grossa responsabilità con la stesura di un libro di questo genere, specialmente per la nicchia che ho scelto, cioè quella dei networker. L'ho fatto, come avrai già capito dalla mia storia, perché amo questo mestiere e mi rattrista vedere tante persone che scelgono questo settore, ci credono e si buttano mente e corpo in questa avventura, per ritrovarsi poi deluse e magari con nuovi condizionamenti e convinzioni sulla propria incapacità.

Questo libro sarebbe da consigliare a chiunque a prescindere dal lavoro o la vita che fa. Dicevo in apertura che, chi vorrà, potrà utilizzarlo per la vita personale a prescindere dal network. L'ho legato innanzitutto al network perché era un modo di arrivare in modo capillare a tutte quelle persone che, come me, hanno trovato problemi e nessuno che fosse in grado di aiutarli.

Parlo con cognizione di causa. Avere un sacco di strategie vincenti purtroppo non basta, perché a monte c'è da colmare un grande vuoto. Sto parlando dello spazio del tuo Io, che nessuna scuola insegna a curare, a sviluppare portando alla luce le migliori potenzialità che sono insite in noi sin dalla nascita. Così come non siamo consapevoli dei pensieri inconsci, non siamo consapevoli neanche delle nostre potenzialità. Abbiamo il dovere verso noi stessi di capire cosa succede dentro di noi e, innanzitutto, nella nostra realtà interna. Perché? Perché ci interessa saper gestire al meglio le nostre vibrazioni, i nostri pensieri e le nostre emozioni dato che hanno a che fare con la nostra realtà esterna.

Immagina la nostra coscienza come un grande contenitore, riferito più che altro alla nostra parte inconscia. Cosa ci sarà dentro? Tanti pensieri. Alcune credenze negative, anche se non vogliamo, sono lì e installate nel profondo. Possono essere la paura del giudizio, la paura del rifiuto, la paura di provare cose nuove, la paura di non farcela, di non essere all'altezza. Una serie di cose niente affatto positive e ormai insite in noi. Le avvertiamo quando vengono a galla. Arrivano senza che le abbiamo cercate, contro la nostra volontà, come quando siamo tristi, arrabbiati, depressi. Poi ne diamo pure delle interpretazioni, così da consolidare questi pensieri negativi.

Il bello, però, è che all'interno del nostro contenitore ci sono anche dei pensieri positivi. Visto tutto ciò, sorge spontanea la domanda: come si deve fare per avere il meglio dalla vita? La risposta è semplicissima. Alla Legge della Reciprocità si risponde con la Legge dell'Eliminazione e dell'Inserzione. E questo è riferito al mondo sia del subconscio sia del conscio. Sarà un viaggio inusuale tra il mondo interiore e quello esteriore verso il tuo successo e verso una nuova versione di te stesso.

Aggiornare i nostri condizionamenti

In questo capitolo impareremo a fare qualcosa di poco usuale che non si trova nella classica formazione aziendale: impareremo ad aggiornare i nostri modelli di realtà, i nostri condizionamenti. Come accennavo all'inizio, questo potrebbe essere un libro di rottura personale, in quanto ti propongo di iniziare a cambiare i vecchi modi di fare che forse ti hanno portato dove sei oggi.

Se quel giorno hai voluto aderire a un progetto di network perché intuivi che potesse darti qualcosa di diverso o una svolta alla tua vita, forse lo facevi inconsciamente con il desiderio di cambiare la tua vita. Ma si tratta di un percorso contrario alla nostra educazione, che ci suggerisce invece che cambieremo vita e saremo felici e realizzati solo ottenendo delle cose dall'esterno, come una bella casa, una bella automobile o un bel conto corrente. Il cambiamento avviene in due sensi: dall'interno verso l'esterno e dall'esterno verso l'interno. È un ciclo dove una cosa determina e mantiene l'altra.

Ti faccio capire meglio. Hai fatto caso a quelle giornate in cui ti svegli di cattivo umore e quando ti guardi allo specchio ti vedi poco in forma? Quando oltre al malumore riscontri anche dei malesseri fisici? Anche una semplice postura con la schiena curva, o gli angoli della bocca abbassati che accompagnano magari un'emicrania? Pensa anche al contrario. Il giorno in cui ti sei innamorato, ad esempio. Vedevi tutto bellissimo, le persone tutte gentili e cordiali, esplodevi di benessere e ti sentivi un leone pronto ad affrontare qualsiasi sfida.

L'organismo è una stazione ricettiva che assorbe tutte le influenze esterne, poi incamera ed emana all'esterno delle vibrazioni che, nella legge universale, a loro volta attirano situazioni favorevoli o sfavorevoli, a seconda della frequenza di queste onde vibratorie. Tutto è collegato, anche se ormai per noi è naturale vivere nella separazione. Ma anche se non ci ricordiamo che tutto è collegato, funziona così. Tutto quello che sentiamo e che pensiamo influenza l'ambiente che ci circonda e influenza gli altri. La fisica quantistica e altre discipline spiegano in termini scientifici come questo sia possibile.

In questo momento a noi interessa essere consapevoli di quello che ci sta capitando e capire come fare per uscire da questo circolo vizioso e riprendere il controllo della nostra vita. Il nostro tempo è limitato, perciò non sprecarlo vivendo la vita di un altro e nell'inconsapevolezza. Diamo spesso per scontato che domani faremo quello che oggi abbiamo trascurato, nella vita come nella professione. Ma nella vita non bisogna dare nulla per scontato. Neanche la sicurezza a cui siamo stati tanti educati. Ecco perché invece di scegliere di fare cose straordinarie per vivere una vita fuori dal comune, scegliamo la sicurezza che ci tiene nell'ordinario al prezzo di una noia assoluta e di una vita non vissuta. O meglio, vissuta per qualcuno che nemmeno conosciamo.

Se hai tra le mani questo libro, forse ti sei già fatto qualche domanda su chi sei o, meglio, su chi senti di essere, chi vuoi diventare e cosa ti sta succedendo. Forse stavi già cercando il tuo "risveglio". E con questo passo hai già spezzato la prima catena che ti tiene inchiodato a terra e che non ti fa volare in alto come saresti invece destinato a fare. Svegliati e inizia vivere appieno questa vita che è perfetta e meravigliosa!

Il primo passo che devi fare, prima di cambiare mestiere e carriera, è *volere* cambiare te stesso e *decidere* di farlo. Per realizzare tutti gli obiettivi che hai elencato (o forse no) ogni anno, a Capodanno, devi iniziare a cambiare dentro di te qualcosa. E non sono io a dire che funziona così, ma l'Universo, Dio, la vita o quello che preferisci. Tutto quello che arriva dall'esterno è effetto di una causa interna. Devi metterti in testa che il tuo lavoro si deve svolgere su due piani: interno ed esterno. Ed è essenziale che inizi a lavorare innanzitutto sull'interno.

Per volare e prendersi tutto il cielo per sé, l'aquila deve prima rompere il guscio e uscire dall'uovo. Considera che il grande uomo che c'è in te è chiuso in una statua di cemento costruita millenni orsono, così coriacea che bisogna iniziare a colpirla con tante piccole mosse finché si frantuma lasciando uscire alla luce tutto il tuo illimitato potenziale. E non temere di non riuscire, perché una goccia d'acqua, a forza di colpire, riesce a rompere le rocce. Ho spiegato nel capitolo precedente perché siamo finiti dentro questa statua: per una serie di condizionamenti storici, oserei dire, a cui si sono aggiunte le nostre esperienze di vita.

Se un ragazzo è rifiutato da una ragazza che gli piace, è facile che sviluppi il timore di chiedere un appuntamento alle ragazze, perché inizia a convincersi che quelle non lo considerano, che non vale nulla e che è un incapace. Lo stesso accade nella professione. Basta andare con entusiasmo dagli amici e dai parenti a proporre il business migliore di questo millennio, che è il network, per sentirsi dire "quando crescerai e ti metterai a fare cose serie", "ma dove vuoi andare" o "non fa per te"; ecco come si insinua la convinzione di non essere capaci di fare network.

Infatti questi giudizi spesso si installano a livello di subconscio. Certo, sono nati tanti metodi per evitarlo, ma se ti è capitato almeno una volta e l'esperienza emotiva è stata forte, si è già istallata in te la convinzione che non sei capace. Non ti accorgi neanche di averla. Ti ostini a cambiare sponsor, mentore o azienda e alla fine non ce la fai lo stesso. Poi forse diventa una credenza consapevole e ti convinci che la vita straordinaria non faccia per te. Così torni nella gabbia della tua statua, dove vai a soffocare tutti i tuoi sogni e smetti di vivere. Dico così perché la vita non vuol dire mangiare, eliminare, dormire, lavorare e pagare le bollette. Questa è a malapena sopravvivenza.

Se stai ancora leggendo, vuol dire che il tuo Io è più forte di quella maledetta statua. E ti sfido a fare orecchie da mercante verso ciò che ti è sempre stato detto e insegnato. Se un minimo queste righe ti fanno chiedere chi sei, allora prosegui nella lettura. Tony Robbins descriveva le nostre credenze con queste parole: «Le nostre credenze sono ordini indiscussi che ci dicono come stanno le cose, cosa è possibile e impossibile e cosa possiamo o non possiamo fare. Plasmano ogni azione, ogni pensiero e ogni nostra sensazione. Pertanto, cambiare sistema di credenze è fondamentale per produrre un cambiamento reale e duraturo nella nostra vita».

Alcune credenze depotenzianti sono state installate nel periodo dell'infanzia, tra 0 e 7/9 anni, quando il bambino è una spugna che assorbe di continuo. Qualche tempo fa ero a cena da una coppia di amici. A un certo punto, a tavola, il figlio ha fatto cadere a terra un cucchiaio. Cosa è successo? La mia amica gli ha detto: «Marco, non farlo». E lui ha buttato per terra anche la forchetta. La mia amica, di nuovo: «Marco, ti ho detto di non farlo. Adesso ti alzi e te stai nell'angolo per 10 minuti e rifletti su quello che hai fatto».

La mia amica era convinta che fosse un buon modo di gestire le cose. Ma quali credenze poteva acquisire un bambino di cinque anni? Marco aveva fatto cadere il cucchiaio senza volere, perciò, quando sua mamma lo ha sgridato, poteva solo confondersi e pensare: perché la mamma non si fida di me? Allora ha fatto cadere anche la forchetta per trovare conferma a quella credenza. E guarda caso sua mamma si è arrabbiata di nuovo e per giunta lo ha messo all'angolo. A questo punto Marco poteva pensare solo che la mamma non si fidasse di lui e che il suo atteggiamento la infastidisse. E stando nell'angolo ha creato altre credenze: "non valgo niente" o "non ho il diritto di dire quello che penso".

Avergli semplicemente chiesto «Marco, cosa è successo?» l'avrebbe aiutato a guardarsi dentro e a pensare. Magari la risposta sarebbe stata: «L'ho fatto cadere perché non mi ascoltavi». Questo tipo di domanda avrebbe portato la mamma alla radice del problema e lo avrebbe sanato subito. Invece in quel modo ha garantito a suo figlio un problema da adulto; un adulto che forse non scoprirà mai da dove vengono i suoi problemi.

Infatti uno degli aspetti principali è che non siamo consapevoli di alcune nostre credenze depotenzianti. Per quelle di cui invece siamo consapevoli ti proporrò un esercizio più avanti. Per quelle inconsce ti suggerisco quello che ho suggerito alla mia amica di fare con Marco. Sono due esercizi che funzionano non solo con i bambini ma anche con gli adulti.

A) *Prova il senso di gratitudine*
Prenditi qualche minuto e pensa da tre a cinque cose per cui oggi sei grato:
- la sensazione del sole sul viso quando stamattina sei uscito di casa;
- il fatto stesso di poter provare sensazioni;
- il poter camminare;
- l'essere in salute;
- l'abbraccio pieno d'amore di tuo figlio;

- la gioia del tuo cagnolino quando ti rivede;
- la gioia di tornare a casa;
- il fatto che l'auto o il computer funzionino perfettamente.

E le cose possono essere mille, non cinque.

B) *Cosa amo di me*

Pensa a una tua qualità, o a un'azione compiuta oggi, che ti rende orgoglioso. Magari nessuno ti ha detto di averla apprezzata, ma è ora che lo affermi da solo. Pensa a qualcosa di te che potresti amare. Il tuo stile unico? Il fatto che hai risolto un problema complicato al lavoro? La cena fantastica che hai preparato? Il libro che hai finito di leggere? Possono essere qualità grandi o piccole, ma devi individuare con precisione, ogni giorno, da 3 a 5 cose che ti rendono fiero della persona che sei.

Spesso aspettiamo che questa cosa la facciano gli altri. Capita che per vari motivi le persone non lo facciano, anche se magari vedono quella qualità e la apprezzano. Cosa succede quando non veniamo apprezzati o gratificati? Siamo delusi. Così passiamo alla delusione, che ha una vibrazione bassissima che in più alimentiamo con convinzioni razionali come "non mi ha detto che gli manco, quindi non mi ama" o "il cliente non mi ha chiamato, quindi ho fatto una brutta impressione". Purtroppo dare per scontato è un'abitudine frequente. Anche se magari il cliente non ha avuto tempo di chiamarci per un imprevisto, noi il danno lo abbiamo già fatto. E la spiegazione è semplicissima: ci fa vivere in uno stato di scarsità. In uno stato di scarsità, più diciamo a parole "voglio amore", "voglio rispetto", "voglio riconoscimento", più ciò che vogliamo non arriverà.

Sono delle leggi naturali che funzionano a prescindere dalla nostra volontà. Ricordi? Le vibrazioni che emetto ne attirano altre simili. Non è importante cosa dico di volere a parole, ma quali vibrazioni emetto. Quello che trasmetto (cioè la scarsità) è quello che ricevo. Per gli obiettivi più o meno funziona in modo analogo, grazie alla cosiddetta Legge della Bipolarità che però fa testo nei miei seminari fuori da questa sede.

Stabilito che l'interno influisce sull'esterno tanto quanto l'esterno influisce sull'interno, ecco che per attirare quello di cui si ha bisogno, oltre alla legge dell'attrazione e alle sue regole, la condizione basilare è vivere e stare il più possibile in uno stato di abbondanza. E non è riferito all'abbondanza del conto corrente, che ne è soltanto una conseguenza, ma all'abbondanza come stato d'animo. Naturalmente è facile pensare: come faccio a stare nell'abbondanza se non so neanche come farò a pagare le bollette? Infatti la mente razionale, che vuole avere il controllo, ci spinge sempre a farci altre convinzioni così da rifiutare e trovare una giustificazione persino al rifiuto di provare esercizi così semplici come quelli indicati sopra. Se te li ho indicati è perché sono più che comprovati e spiegati persino a livello logico e razionale da varie discipline.

La questione è sempre la stessa: le cose semplici tendiamo a complicarle e troviamo sempre scuse razionali per rimandare, negare o rifiutare, per dare poi la colpa a qualcun altro, al sistema o al governo. È un meccanismo classico in cui siamo chiusi in cattività, e la parte triste è che la gabbia più brutta e senza cancelli è proprio la nostra mente. Questa semplice tecnica di autoaffermazione la puoi mettere in pratica al mattino quando ti svegli o la sera prima di addormentarti visto che la qualità degli ultimi pensieri fatti prima di dormire influenza persino la qualità del riposo. Questi semplici esercizi aiutano a sanare in modo inconscio tanti dei tuoi condizionamenti altrettanto inconsci.

Tutti abbiamo dentro di noi un bambino che non ha mai ricevuto tutto l'amore e l'apprezzamento che meritava. Non possiamo tornare indietro e aggiustare il passato, ma possiamo prenderci la responsabilità di guarirci adesso, concedendoci l'amore e l'apprezzamento che un tempo desideravamo tanto. In questo modo possiamo aiutare a risanare il nostro bambino interiore.

Aggiornare i nostri sistemi quotidiani

Tante persone mi chiedono come sono riuscita ad avere sempre risultati nel network marketing, specialmente all'inizio, quando ero giovane e senza una reputazione precedente. Era anomalo che una ragazzina, potrei dire, fosse finita tra i top leader di un'azienda. Ma questa domanda la fanno soprattutto a mio marito, considerato per diversi anni il miglior networker del mondo nell'azienda in cui tuttora lavora. Di lui dicono che sia disumano (sul lavoro, si intende) e che oltre al grande impegno si serva di una formula segretissima che non vuole rivelare.

In parte è vero. Ci troviamo qui proprio per questo. Siccome è stabilito che il modellamento funziona, ho letto molto sulle persone di successo. In più ho avuto modo di studiare da vicino il modo in cui si muove, agisce e pensa mio marito. E mi riferisco a lui perché ha una storia continuativa e progressiva in questo senso.

Se hai un computer, probabilmente di tanto in tanto hai dovuto istallare un sistema operativo nuovo. Negli ultimi vent'anni, Windows 95 ha ceduto il passo a Windows 8, e i computer Macintosh si sono evoluti nel famoso Mac OS dei MacBook di oggi. Ogni pochi anni aggiorniamo i sistemi operativi per rendere i computer più veloci, migliori e per svolgere con facilità compiti sempre più complessi. Ma a quanti viene in mente di fare la stessa cosa con sé? Eppure quando si tratta dei nostri sistemi di vita – il nostro software interno – usiamo sistemi che non sono affatto ottimali.

Infatti mi sono chiesta anch'io, nonostante i bei risultati che personalmente avevo ottenuto, quale fosse il "segreto" di mio marito. Il passo principale è stato coinvolgere persone migliori di lui, indirizzarle sui binari giusti, togliersi di mezzo e fidarsi di loro. La cosa principale è stata far capire loro che hanno una missione. In secondo luogo, lui riusciva concentrarsi e a dedicarsi a una visione ancora più grande. Questo è il suo sistema per avviare intere e durature organizzazioni.

Un sistema di vita è uno schema ripetuto e ottimizzato per portare a termine le cose. Il nostro modo di vestirci al mattino è un sistema. Spesso lo è anche il modo in cui gestiamo le mail. Il modo di curare i figli, di gestire il lavoro, i rapporti: tutto ciò rientra spesso in sistemi di vita precisi. Molte persone scoprono nuovi sistemi da libri, conferenze o corsi on line. Magari leggi un nuovo approccio al dimagrimento, decidi di provarlo e dopo due mesi valuti i risultati. Oppure apprendi nuove strategie di marketing a una conferenza o acquisti un corso che ti insegna a sviluppare nuovi contatti.

È un po' come navigare in un App Store. Può essere divertente e illuminante trovare qualcosa che funziona per altre persone e che potrebbe funzionare anche per te. Ed è altrettanto importante la frequenza con cui aggiorniamo i nostri sistemi. Io per esempio faccio in modo di sperimentare un percorso formativo ogni anno con scuole e filosofia differenti, come anche sperimento, in ogni stagione, un modo diverso per rientrare nel peso forma.

Dopo aver aggiornato i sistemi, però, bisogna anche misurarne l'efficacia. Questo è un tassello importante che spesso viene trascurato. Ci deve essere un livello di prestazione sotto il quale non devi scendere. Io per esempio tengo sempre sotto controllo il mio peso. Tengo sotto controllo anche la metrica dell'attività del mio gruppo di lavoro. Metrica vuol dire misurare. E misuro perché, se non lo faccio, non so come modificare quello che non va: le iscrizioni, le uscite, il numero degli appuntamenti e la loro efficacia, le entrate e le uscite di denaro e così via. E per modificare si devono aggiornare i sistemi che hanno portato a quei risultati. Il punto di regolazione è il punto sotto il quale non devo mai andare. Ho un punto di regolazione del mio peso che mi permette di mantenere la stessa taglia da 15 anni a questa parte.

Il ritmo degli aggiornamenti è importante quanto gli aggiornamenti stessi. Quando è stata l'ultima volta che hai letto un libro su un argomento che ti interessava ma di cui non ne sapevi nulla? O che ti sei iscritto a un corso? O che hai cercato un feedback onesto da un amico? Secondo l'ISTAT, nel 2015 solo il 14,3% degli italiani ha letto più di 12 libri in un anno. La cosa più preoccupante è che il 60% della popolazione non ha letto neanche un libro in un anno.

È essenziale essere consapevoli dell'importanza di aggiornare i propri sistemi di vita. Ma quando finalmente hai qualcosa che funziona, come fai mantenerla? Sappiamo bene cosa si prova quando ci si prefigge un miglioramento e, nel tempo, si vedono i risultati scivolare via un po' alla volta. Ad esempio lavori sodo per eliminare i chili di troppo e poi tornano subdolamente indietro, spendi di più e risparmi di meno, o smetti di stare in contatto con i tuoi amici. Ricadi nell'abitudine di procrastinare. È vitale avere un metodo di rilevamento per sapere cosa sta succedendo e come sta andando.

Per esempio, io dopo un'abbuffata a una cena sontuosa, il giorno dopo faccio una dieta di soli liquidi. Siccome i vent'anni sono ormai passati, ovunque mi trovi rispetto questa regola. Possiamo usare questo tipo di verifiche dei sistemi per controllare le finanze, il tempo libero, il numero di appuntamenti, l'aumento della nostra down line... Il punto di regolazione può essere una soglia minima, stabilita da te, sotto la quale prometti di non scendere. È diverso da un obiettivo: gli obiettivi ti spingono in avanti, mentre i punti di regolazione ti aiutano a mantenere quello che hai. E ti servono entrambi.

Qualcuno potrà dire che anche per questo serve costanza, e che è proprio quello che gli manca. A questo punto della lettura starai già intuendo che si tratta di una credenza ben insita e profonda. Ecco perché siamo qui. Per sradicare il "male" dalla radice. Nella parte quarta avrai già gli strumenti per ottimizzare tutto ciò.

Crea la tua realtà
Mi sto addentrando ancora una volta in un terreno minato. Pertanto ti chiedo di fare uno sforzo e leggere prima di formulare qualsiasi tipo di giudizio. Lo dico perché ti scontrerai nuovamente con una logica diversa da quella a cui sei abituato. Finora hai capito che noi umani tendiamo a vivere la nostra vita in base a "verità" che abbiamo assorbito dall'ambiente culturale. Hai acquisito decisamente più consapevolezza su dei modelli di

credenze e sistemi di vita che forse ti stanno frenando. Hai pertanto adottato una nuova e robusta struttura per la crescita personale. Desideri già fare di più, essere di più e fiorire come persona.

Una volta capito che ci si può liberare dall'ambiente culturale, ritengo che puoi affrontare un nuovo livello di maestria: quella del tuo Io interiore. Non aspettarti di farlo in modo convenzionale. Google, una delle più potenti aziende del mondo, usa le pratiche di meditazione e di mindfulness per aiutare i propri dipendenti a essere persone più felici e un po' meno stressate. Si parla di vere e proprie classi organizzate di "consapevolezza del corpo-mente" dove la mindfulness viene coniugata con approcci basati sull'intelligenza emotiva.

Per mindfulness si intende una forma particolare di meditazione che consiste in una pratica di consapevolezza del momento presente, priva di giudizio, che aiuta capire le proprie modalità di reazione di fronte agli accadimenti della vita. L'intelligenza emotiva invece è un aspetto dell'intelligenza legato alla capacità di riconoscere, utilizzare, comprendere e gestire in modo consapevole le proprie e le altrui emozioni. È interessante notare come l'aspetto emotivo sia messo al centro dell'attenzione. Anziché puntare tutto sulla riduzione dello stress psicofisico, si aiutano le persone a riconoscere e a gestire i propri stati emotivi e a creare relazioni empatiche con gli altri.

Ho riportato questo esempio per attirare la tua attenzione e frenarti dall'emettere giudizi prima di finire di leggere. Ma è anche un modo per dirti che, anche se a oggi non abbiamo avuto accesso a un certo tipo di informazioni e di educazione, superata l'ignoranza in questo senso, possiamo passare a un altro livello di consapevolezza.

Adesso ti invito a mettere in discussione e a ridefinire due dei più grossi pilastri della nostra definizione di successo: la felicità e il raggiungimento degli obiettivi. Ci hanno insegnato che per avere queste due cose bisogna lavorare duro. Invece ti dico che non serve sforzarsi e combattere per ottenere tutto questo, ma che arriveranno da te quando avrai raggiunto un equilibrio, un delicato equilibrio tra i tuoi *livelli di felicità* e la *visione del futuro*. Magicamente, dopo sembra che tutto l'Universo faccia confluire le occasioni migliori, le coincidenze perfette e, in un certo senso, la fortuna. Infatti, da quando sto lavorando a questo aspetto dell'equilibrio, oltre che a migliorare alcuni aspetti della mia salute, sono riuscita persino scrivere questo libro dopo mesi e mesi di blocchi vari.

Alan Watts, filosofo Zen, diceva: «Mi sono reso conto che il passato e il futuro sono vere illusioni, che esistono nel presente, che è ciò che c'è e tutto ciò che c'è». È inutile indugiare sul passato e lasciare che ti definisca, o perdersi nell'inquietudine del futuro. Nel momento presente siamo nel campo del possibile. Avere una visione audace del futuro ed essere felici, contrariamente a quello che abbiamo sempre creduto, hanno entrambi origini nel presente. Come ha scritto Paulo Coelho ne *L'alchimista*: «Perché io non vivo nel mio passato, né nel mio futuro. Possiedo soltanto il presente, ed è il presente quello che mi interessa. Se riuscirai a mantenerti sempre nel presente, sarai un uomo felice».

A volte passiamo dei periodi dove né siamo felici, né abbiamo una visione del futuro. E così ci troviamo depressi. Altre volte ci sentiamo alla grande perché siamo felici nella "trappola" della realtà attuale, come per esempio quando ci troviamo in vacanza, oppure perché abbiamo bevuto qualcosa. Non è sbagliato, solo che si tratta di una felicità temporanea e noi invece abbiamo bisogno di pienezza di vita a lungo termine. In altri momenti ci poniamo dei grandi obiettivi e lavoriamo sodo per raggiungerli, ma allo stesso tempo rimandiamo la felicità al momento in cui avremo raggiunto quegli obiettivi. Per non parlare poi del solito modo in cui siamo abituati a definire il concetto di quello che sarebbe una buona vita e che è incentrata solitamente solo su due misure: denaro e potere.

Per tutti questi motivi, credo che sia un modo assai inadeguato di definire una vita o meglio, una buona vita. Lo stato ideale, invece, è essere felici nel presente ed essere guidati da una visione del futuro. La visione ci spinge avanti ma noi siamo felici adesso, malgrado non si sia ancora realizzata. Solo in questo stato si può provare una sensazione di crescita e di appagamento duratura e perpetua. E adesso voglio sottolineare un concetto molto importante, molto sottovalutato o addirittura ignorato: *la felicità non è legata al compimento della visione, ma deriva dal perseguimento della visione unito a un senso di gratitudine per quanto si ha già.*

Vedo la maggior parte delle persone avere difficoltà ad apprezzare quello che hanno già. Mi rattrista molto perché le vedo veramente soffrire. Chi perché ha già tanto ma non quello che vorrebbe veramente avere, chi perché vede coloro che hanno molto non essere grati per quello che hanno già, dimenticando però che abbiamo sempre un motivo per cui essere grati. Tutti noi. Ora magari i semplici esercizi proposti prima iniziano ad assumere un significato più importante.

La gratitudine è uno dei motori più efficaci per alzare le proprie vibrazioni e accedere a uno stato di felicità, a prescindere dagli obiettivi. La felicità non è altro che il naturale effetto collaterale del perseguire la visione, non del suo raggiungimento. Ci mettiamo i bastoni tra le ruote nel tentare di raggiungere la felicità perché siamo stati abituati a considerarla nel modo sbagliato. Molti di noi sono caduti nella trappola dei modelli di felicità (ed ecco che tornano i condizionamenti): se succede X (se ottengo il lavoro giusto, trovo il compagno o la compagna ideale, compro quella casa da sogno, ho un figlio ecc.) allora sarò felice. Non è folle, se ci pensi, attribuire la propria felicità a un'altra persona o, peggio, a un oggetto?

Non dovremmo fare le cose per essere felici ma essere felici di fare le cose. La felicità accelera l'avvicinamento agli obiettivi, ma non deve essere legata a essi. Inserisci nella routine quotidiana alcune pratiche che ti facciano sentire contento e concentrati sul viaggio, non sulla destinazione. Possono essere gli esercizi proposti prima, come anche altre pratiche che ami, come passare più tempo di qualità con i tuoi figli e la tua famiglia, coltivare un hobby, prendere l'esempio da Google e integrare la tua giornata con una meditazione che parta dai cinque minuti iniziali fino a venti o di più. Aggiorna il tuo sistema di rilassamento. E non pensare che devi fare pratiche monastiche. Esistono un sacco di discipline sviluppate in tempi recenti che ti possono dare suggerimenti sulle pratiche adatte all'uomo moderno e che possono aiutarti a ritrovare il tuo equilibrio.

E nel frattempo non omettere di crearti una visione entusiasmante del futuro. Tutte le persone di successo hanno una cosa in comune: hanno una visione del loro futuro. Va bene essere felici nel presente, ma hai bisogno anche di sogni audaci che ti spingano in avanti. Devi solo fare attenzione che gli obiettivi non siano modellati secondo i condizionamenti e di non fare il passo più lungo della gamba per gli obiettivi a breve termine. Siamo inclini a sopravvalutare quello che possiamo fare in un anno e sottovalutare quanto possiamo fare in tre/cinque anni.

Questo equilibrio consente di muoversi più velocemente verso le proprie visioni e divertirsi da matti strada facendo. A un occhio estraneo anche tu sei una persona fortunata. E allora se siamo tanto influenzati dai modelli di realtà, perché non sceglierne volutamente uno vincente come quello della felicità coltivata? Visto che è dimostrato che aumenta la produttività, riduce lo stress e, come per magia, aumenta l'opportunità di essere al momento giusto nel posto giusto, allora ti suggerisco di inserirlo nel tuo programma di "personalisciplina" che riprenderò nell'ultima parte.

RIEPILOGO DEL CAPITOLO 3:

- SEGRETO n. 1: Il linguaggio e le regole che definiscono la nostra cultura condizionano le esistenze.

- SEGRETO n. 2: Il potenziale umano è infinito e questo viene dimostrato dalle tante persone normali che hanno semplicemente preso coscienza di saper fare cose straordinarie.

- SEGRETO n. 3: Noi siamo influenzati dalle circostanze esterne tanto quanto, al contrario, il nostro stato interiore influenza quello esterno.

- SEGRETO n. 4: Il cambiamento avviene in due sensi: dall'interno verso l'esterno e dall'esterno verso l'interno, in un ciclo dove una cosa determina e mantiene l'altra.

- SEGRETO n. 5: Il successo arriverà quando avrai trovato un equilibrio tra il tuo livello di felicità e la tua visione del futuro.

Capitolo 4:
Come sfruttare al meglio le proprie risorse

Se non si sa ciò che si vuole, nella vita si ottiene poco. È un vecchio modo di dire, più che mai attuale quando parliamo di avere successo. Le persone tendono infatti a rispondere senza pensarci troppo alla domanda «Vorresti avere successo?» senza però sapere esattamente il significato che ha per loro questa parola. Ma facciamo un passo alla volta.

La prima cosa da comprendere, prima ancora della sua definizione, è che il successo ha un prezzo. Come tutte le cose, infatti, bisogna pagare per averlo. Quanto? Dipende da ciò che vuoi. A un successo maggiore corrisponde spesso un costo maggiore. Attenzione, però, il prezzo del successo è diverso da quello dei beni normali. A qualcuno può sembrare un prezzo straordinariamente alto dover lavorare 12 ore al giorno per fare carriera. Ad altri ancora può sembrare eccessivo dover rinunciare al tempo libero, allo svago, mentre per i primi è superfluo, perché trovano maggior piacere nell'attività lavorativa. E per te? Prima di addentrarti nelle sabbie mobili, facciamo ancora un passo indietro per evitare di dare una risposta errata alla domanda: «Cos'è il successo per te?»

Sicuramente in qualche corso di formazione ti è stata già posta questa domanda. Magari hai già risposto altre volte e, nonostante ciò, non sei riuscito mai ad ottenerlo. Come dicevo in apertura del libro, noi siamo qui per comprendere perché facendo le cose che ci vengono consigliate non riusciamo comunque a ottenere quello che ci eravamo prefissati. E ho detto, nella parte terza, che gran parte del nostro futuro è determinato da ciò che noi crediamo. Per questo, prima di parlare del tuo desiderio di successo, sarebbe meglio che scoprissi e analizzassi quali sono le tue credenze.

Ma cosa sono le credenze, innanzitutto? Un po' lo starai già intuendo dagli esempi fatti nel capitolo precedente. Si tratta di veri e propri pilastri su cui ruotano i nostri comportamenti e azioni che influenzano *inconsciamente* la nostra realtà. E qua mi soffermo ancora un po' perché ho intenzionalmente sottolineato la parola inconsciamente. È abbastanza risaputo che la nostra mente è divisa in due parti: razionale e inconscia. Siccome l'approfondimento di questa scoperta non fa parte delle nostre lezioni a scuola, e poiché nella vita di tutti i giorni ci interessiamo poco a questo aspetto, vorrei farti ripassare questi concetti, anche se magari li conosci già.

Spesso pensiamo che la vita si affronti grazie all'esclusivo ausilio della ragione e che l'inconscio sia qualcosa di sommerso e di poco importante. Pensiamo che gli obiettivi della nostra esistenza possano essere progettati e amministrati senza tener conto di questa parte invisibile ma presente. Se così fosse, tutte le nostre mete dovrebbero essere raggiunte, invece questo non accade. Nessuno ti ha mai detto che il primo passo da fare prima di progettare qualsiasi cosa oppure rispondere a una domanda ("cos'è il successo per te", nel nostro caso) è analizzare la tua parte sommersa, il suo programma "occulto" e le convinzioni incise su di essa.

La metafora migliore per spiegarti quanto sia importante l'affermazione fatta prima è quella dell'iceberg: quest'ultimo si muove nel mare grazie alle correnti che fanno presa sulla parte sommersa, che è molto più grande di quella emersa. Lo avrai già capito se hai visto il film *Titanic*. L'iceberg non si muove grazie al vento che soffia sulla parte fuori dall'acqua. Allo stesso modo, nella nostra esistenza ci muoviamo in base alle correnti pulsionali che fanno presa sull'inconscio, alle convinzioni (limitanti o potenzianti) e alla programmazione interiore.

Infatti le credenze sono il frutto di un apprendimento emozionale: se ad esempio in passato abbiamo scoperto che in più occasioni siamo stati in grado di aiutare le persone, si installa la credenza costruttiva che siamo positivi verso il prossimo. Le credenze sono uno degli elementi che compongono il nostro comportamento. In questo modo il nostro comportamento è il frutto della somma delle credenze, dei valori che i nostri genitori ci hanno insegnato e della cultura del nostro paese, come abbiamo già spiegato. Capisci adesso perché mi sono dilungata sulla mia storia personale?

Per questo, prima di parlare del tuo desiderio di successo, considero opportuno che scopra e analizzi le tue reali convinzioni, perché il tuo risultato finale dipende dal comportamento che deriva da esse. È ovvio che ci stiamo riferendo alle credenze di cui siamo consapevoli, perché di quelle inconsce ci siamo occupati nella parte terza (con gli esercizi della gratitudine e dell'amore per sé).

Completa gli spazi vuoti con le tue credenze.
– La mia capacità di cogliere un'opportunità è:

– E il comportamento che ne deriva consiste nel:

– Le mie chance di ottenere successo sono:

– E il comportamento che ne deriva consiste nel:

– Per ottenere successo avrei bisogno di:

– E il comportamento che ne deriva consiste nel:

– Coloro che ottengono successo, rispetto a me sono più:

– E il comportamento che ne deriva consiste nel...

– Le mie possibilità di conquistare una donna/un uomo sono:

– E il comportamento che ne deriva consiste nel:

– Le mie possibilità di guadagnare un milione di euro sono:

– E il comportamento che ne deriva consiste nel:

– Le mie possibilità di dare una svolta decisa alla mia vita sono:

– E il comportamento che ne deriva consiste nel:

– La mia possibilità di conquistare nuovi amici è:

– E il comportamento che ne deriva consiste nel:

– La mia sicurezza nell'iniziare un nuovo progetto è data da:

– E il comportamento che ne deriva consiste nel:

– Le capacità di coloro che ottengono successo sono, rispetto alle mie:

– E il comportamento che ne deriva consiste nel:

– Il destino è:

– E il comportamento che ne deriva consiste nel:

Rispondendo a queste domande, potresti aver notato due tipi di credenze: costruttive e svalorizzanti. Le prime sono il frutto di apprendimenti emozionali positivi, le seconde sono invece la risultante di apprendimenti emozionali negativi. E qui voglio fare di nuovo cenno a come si istalla una credenza, anche se ne abbiamo già parlato.

Se per esempio in passato abbiamo fatto più di un colloquio di assunzione e non abbiamo iscritto nessuno nel nostro business, si installa la credenza che non siamo capaci di fare questo tipo di attività, ossia il network marketing. Magari ci sentivamo portati, ma tutte le volte che abbiamo provato non siamo riusciti a sponsorizzare. Alla fine abbiamo rinunciato perché credevamo di non essere portati per l'attività di network marketing. Se invece avessimo continuato a impegnarci, i risultati sarebbero stati diversi.

Ma un semplice presupposto ("penso di non saper fare l'attività") può trasformarsi in qualcosa di più grave. Addirittura qualcuno potrebbe identificare la credenza di non saper fare qualcosa con il fatto di essere incapace in tutti i campi. Tornando all'esempio del colloquio di assunzione, può essere che non abbiamo mai fatto in vita nostra una cosa del genere prima d'ora e quindi pensiamo di non saperlo fare. Quando proviamo più volte e sbagliamo, scatta il meccanismo dei "giudizi di valore" che, oltre a essere emessi da noi stessi, possono essere rafforzati da altri: ci dicono che siamo degli incapaci. Se questo meccanismo persiste, può scattare una credenza che diventa il "cemento" del nostro essere: "Non ce la farò mai".

Potrebbe cominciare la spirale di un circolo vizioso che porterebbe a conseguenze ben più gravi; si potrebbe trasformare in un valore o in un'identità: "Il network marketing fa parte di quelle cose di cui non sono capace"; "Non valgo nulla rispetto agli altri che invece ci riescono". Questo può riflettersi in altri ambiti che non rientrano nell'attività di network marketing. Così, da una semplice ipotesi si possono creare seri problemi.

Analizza ora a fondo le risposte che hai dato alle domande sopra e quali sono nel loro complesso i comportamenti che ne derivano.

– Ancora prima di definire il tuo successo, stabilisci quali siano le possibilità di ottenerlo mantenendo le credenze attuali.

– Saputo questo, stabilisci quali sono le credenze che più ti ostacolano:

1) --

2) --

3) --

4) --

5) --

In genere nei libri o nei corsi di formazione ti viene consigliato di pensare positivo, di scrivere cosa sarebbe giusto fare e cosa saresti disposto a fare per correggere le tue credenze limitanti. Ti consigliano poi di scrivere un'affermazione positiva in merito alle effettive azioni che intendi intraprendere per correggere le tue credenze limitanti. Magari ti chiedono di visualizzarti già arrivato, ricco e di grande successo. Non ho nulla contro le visualizzazioni, anzi le consiglio, perché il subconscio non riconosce le cose reali da quelle immaginarie. Infatti quando abbiamo un incubo, se ad esempio qualcuno ci insegue per attaccarci, abbiamo il batticuore, sudiamo e ci spaventiamo come se fosse reale.

Le visualizzazioni, appunto, funzionano perché il subconscio non distingue la realtà dalla finzione e quindi dall'immaginazione. Però oltre che praticare il rilassamento psicofisico, le visualizzazioni sono da usare nel contesto giusto e non come soluzione a un problema a monte che è ancora irrisolto. In altre parole, è inutile profumarsi se non ci si è lavati. Potrò coprire i cattivi odori per un po', ma poi finiranno sempre per venire fuori. Prima o poi dovrò per forza darmi una bella lavata.

Le credenze si istallano grazie alle esperienze emotive oppure per ripetizione. A forza di ripetersi frasi come "il lavoro non c'è", "i soldi sono solo per i ricchi", "non riesco a coinvolgere nessuna persona nel network marketing" arrivano a formarsi delle sinapsi a livello neurologico che fanno cementare la convinzione. Siccome il cervello ha la capacità di deformare e cancellare la realtà in base alle proprie credenze, quella volta che ti viene proposto un lavoro, in questo caso il network marketing, se sei convinto che il lavoro non esista, inizierai a chiederti cosa si nasconda dietro a quella proposta o se abbia qualcosa che non va. In questo modo, tu trasformi la realtà che ti si presenta davanti fino a farla combaciare con il tuo modello di realtà, ossia che il lavoro non esiste.

Se il tuo obiettivo è diventare ricco, ma credi che i soldi siano sporchi, con lo stesso meccanismo arriverai a perdere tutte le opportunità di fare soldi. Ma la mia eterna domanda è sempre rimasta lì: so cosa mi ostacola, ho capito i buoni propositi, ma *come devo fare* per arrivarci? Se trovo un ostacolo che mi sbarra la strada mentre sono in auto, mi fermo e lo rimuovo per proseguire il viaggio. E questa è una delle ragioni per le quali nasce il desiderio di scrivere queste righe: ritengo che prima di fare qualsiasi cosa sia necessario rimuovere le credenze limitanti.

In questo ci aiuta la PNL (Programmazione Neuro Linguistica) integrata, che a oggi è stata soltanto speculata e mal proposta, soprattutto a scopo di business. Viene spesso scambiata per una delle scemenze per fare soldi, dando per scontato che esiste solo quello che ci si sa spiegare. Ricordi quando all'inizio dicevo che abbiamo una serie di comportamenti basati sui condizionamenti? È così anche per l'interpretazione del mondo. Ognuno di noi ha un filtro di interpretazione, una sua mappa costruita sulle credenze e sui valori che si sono installati alle origini. È come un Gps che mi porta a destinazione seguendo un database che è stato introdotto prima. Ed ecco che si crea un circolo vizioso: credenze e valori determinano la mappa mentale che poi fa interpretare la realtà in base alle quelle stesse credenze e quegli stessi valori.

La PNL, una disciplina nata negli anni Settanta, mostra il procedimento principale utilizzato dall'uomo per decodificare, trasmettere, condurre e cambiare il comportamento. Ha solo un aspetto peculiare: contrappone il modello alla teoria; il modello descrive come opera qualcosa, mentre la teoria deve individuare la spiegazione in merito alla collimazione dei vari modelli con la realtà. E qui le cose si complicano, perché subentra tutta una teoria su cosa sia la realtà percepita, ma non è questa la sede adatta per trattare l'argomento. Qui importa notare che la PNL si occupa dello studio delle esperienze soggettive nella sostanza. Anche se, come altre cose, non è sempre stata usata a scopo ecologico – come del resto anche lo stesso network marketing.

Oggetto di speculazione o poco approfondita da chi si affacciava a questa, relativamente nuova, realtà, la PNL è stata spesso ignorata o denigrata. Personalmente ho avuto la fortuna di incontrare professionisti del settore che mi hanno fatto da insegnanti e ringrazio la vita ogni giorno per avermeli fatti incontrare. Mi ha aiutato a risolvere una serie di problematiche e una di queste la voglio condividere con te, visto che ci accomuna l'interesse per il network marketing. Ti darò la soluzione per rimuovere uno per uno gli ostacoli che si parano davanti a te.

Tutti nasciamo con un potenziale infinito, e sono tante le discipline lo spiegano. Infatti ho sempre incoraggiato i miei partner a farsi avanti, anche se principianti, perché sicuramente ognuno di noi ha qualcosa da insegnare. Anche questo libro, per mesi mi sono rifiutata di scriverlo pensando che non avesse un granché da offrire, ma poi mi sono ricordata che nella vita non bisogna dare nulla per scontato. Se ognuno ha da insegnare qualcosa, sicuramente a qualcuno tornerà utile anche questo mio libro che ho cercato di sottovalutare.

Voglio insegnarti una tecnica per rimuovere le credenze limitanti, nello specifico, quelle di cui siamo consapevoli. Prima però vorrei chiarire una cosa. Tutte le cose semplici tendiamo a considerarle stupide e quindi non dedichiamo loro la giusta importanza. Anche il network marketing ci sembra troppo semplice e dunque impossibile che dia risultati. Così ci inventiamo altro, complichiamo le cose e riusciamo a farlo non funzionare. E aggiungiamo un'altra credenza limitante alla lista. È un boicottaggio interno continuo.

Perciò, caro lettore, ti chiedo di non mettere in discussione e di non analizzare razionalmente questa tecnica. C'è già chi ha perso tempo a studiare perché funziona e come funziona. Quindi passiamo direttamente al lavoro. Per eliminare una credenza, bisogna partire dall'obiettivo che si vuole raggiungere. Scrivilo su un foglio di carta e chiediti: quanto credo da uno a dieci che io possa realizzare questo obiettivo? Se la risposta è cinque, chiediti: l'altro cinque cosa pensa? Se per esempio ti poni l'obiettivo di arrivare a guadagnare una certa cifra al mese entro la fine dell'anno, ma poi inizi a rispondere: "i soldi girano poco", "io sono sempre sfortunato in queste cose" e così via, stai usando credenze che invece dovresti eliminare.

Per prima cosa, descrivi la credenza. Poi pensa a quanto ci credi da 1 a 10. Se ci credi già sopra il 5, è una credenza da eliminare (parlando ovviamente delle cose negative, quelle che reputi un ostacolo). Vediamo sinteticamente come si istalla una credenza. Pensiero negativo + emozione forte = credenza. Questo tipo di percorso (pensiero + emozione) ripetuto più volte crea delle sinapsi al livello neurologico che danno come risultato finale la credenza (limitante o potenziante). Quindi è chiaro che, per eliminare una credenza, bisogna distruggere queste sinapsi a livello strutturale. E lo si può fare in più modi. Noi tratteremo la Tecnica delle Parole Quantiche che ho appreso dal mio mitico insegnante che di fatto è un'evoluzione di tutti gli altri metodi pregressi.

Questa tecnica non fa altro che connettere uno schema di dubbio allo schema della credenza. Il dubbio è quello che va a creare in qualche modo confusione fino a distruggere la credenza dall'interno. Per darti un'idea in questo senso, ti faccio un piccolo esempio.

Appena traslocato nella provincia dove oggi abito, andavo in centro città in un posto affollatissimo (specialmente nei fine settimana), tutti i venerdì, per un aperitivo con i miei colleghi. Essendo nuova in città, ovviamente non conoscevo i suoi ritmi di vita: gli orari di punta del traffico, le zone più affollate ecc. Quindi tutte le volte andavo con la convinzione che avrei trovato parcheggio, senza nemmeno fare caso al fatto che parcheggiavo sempre in uno degli unici sei posti disponibili di fronte a quel bar.

Andò sempre così, fino quando uno dei colleghi non espresse il suo disappunto dicendomi che solo io avevo quella fortuna, viste tutte le volte che parcheggiavo lì, e che nessuno di loro riusciva a fare la stessa cosa, perché era una zona dove era praticamente impossibile trovare un posto libero. Mi insinuò il dubbio che i posti liberi potevano non esserci, perciò, prima di andare all'incontro del venerdì, iniziai a pensare che magari non avrei trovato più un parcheggio libero, perché di venerdì era normale che fossero tutti occupati. Da quel momento in poi, non ho più parcheggiato di fronte al bar.

Cos'era successo? Era subentrato il dubbio e aveva distrutto la credenza. Una credenza potenziante, in questo caso. Capisci quanto questo sia uno schema funzionante e molto importante? Nel caso delle convinzioni depotenzianti è fantastico perché possiamo dire che abbiamo trovato una soluzione per rimuovere l'ostacolo che sta davanti a noi. Ma siccome le credenze depotenzianti sono estremamente tenaci, dobbiamo fare questo lavoro in maniera coscienziosa se vogliamo essere sicuri di farlo bene. Non possiamo lasciare nulla al caso, anche perché non abbiamo più tempo da perdere e perché abbiamo deciso: *basta fallire*.

Ti propongo questo esercizio dal funzionamento comprovato su tantissime persone (io per prima). Questo esercizio aiuta a distruggere la credenza, connettendo lo schema del dubbio allo schema della credenza mediante la connessione tra parole.

Prima di tutto descrivi la tua credenza. Supponiamo che sia: "Io non sono capace di fare un colloquio di assunzione". Per prima cosa bisogna estrarre almeno tre parole legate alla credenza e tre parole legate alla confusione (che andremo a creare). Quali potrebbero essere le tre parole che stanno dietro a questa credenza? Ad esempio: incapacità, paura e rifiuto. Le parole sono soggettive e possono cambiare da persona a persona. La cosa importante è sentire, leggendole, che rappresentano quella credenza.

Poi bisogna pensare a uno stato di confusione (tipo quando sei appena sveglio o dopo qualche bicchiere di troppo). Uno stato in cui stai bene ma non capisci niente. Quando hai in mente questo stato, scrivi tre parole che lo rappresentano. Ad esempio: confusione, nebbia e felicità. Ovviamente per ognuno di noi saranno parole diverse.

Infine, prendi un foglio di carta e una penna e riporta le parole in questo modo:

1) Dividi il foglio in due con una riga centrale.
2) In alto a sinistra scrivi la tua convinzione e sotto le parole che hai scelto.
3) In alto a destra scrivi come titolo "confusione" e sotto elenca le parole scelte.
4) Poi inizi a fare le connessioni di parole in quattro cicli diversi; prima si inizia con "né – né", poi con "sia – sia", poi con "sì – no" e infine con "no – sì".

Facciamo un esempio, con la credenza e lo stato di confusione riportati sopra.

Io non sono capace fare un colloquio d'assunzione

- incapacità
- paura
- rifiuto

Confusione

- -confusione

- -nebbia
- -felicità

1

Inizia con il pensare a qualcosa (qualsiasi cosa), a qualcuno, un evento del passato o di fantasia che sia "né incapacità – né confusione". Vengono connesse le prime due parole dei rispettivi stati, quindi dovresti pensare a qualcosa anche solo per un secondo. Può essere un'immagine, una sensazione, un suono, una frase. Quando lo fai, stai creando una connessione. Basa che ci pensi anche solo per un secondo. In seguito passa alla seconda, "né incapacità – né nebbia", e poi alla terza, "né incapacità – né felicità". *In pratica la prima parola della credenza è stata connessa con le 3 parole della confusione.*

Concentrati sulla seconda parola della credenza e connettila con le 3 parole della confusione: "né paura – né confusione, "né paura – né nebbia" e "né paura – né felicità". *Si connette con il "né – né" la seconda parola della credenza con le tre parole della confusione.* In seguito passa alla terza parola della credenza connettendola sempre con le tre parole della confusione.

Si connette con il "né – né" la terza parola della credenza con le tre parole della confusione.

È importante per ogni connessione pensare a cose diverse tra loro. Se hai difficoltà a farlo, insisti, perché questo è il segnale che ci sono delle resistenze e quindi è di estrema importanza farlo. Ti consiglio di prenderti del tempo per fare l'esercizio e di non avere fretta.

2
Passiamo alla seconda sequenza di connessione: "sia – sia". Nel nostro caso sarebbe: "sia incapacità – sia confusione", "sia incapacità – sia nebbia", "sia incapacità – sia felicità". Poi passa a connettere tutte le parole della credenza con "sia – sia" esattamente come nello schema del "né – né". Completa poi la terza sequenza del "sì – no" con la stessa procedura e infine esegui le connessioni "no – sì"

Riepilogando, devi eseguire le connessioni in base al seguente ordine: "né – né"; "sia – sia"; "sì – no"; "no – sì". Anche se per te è una cosa totalmente nuova e tendi a infastidirti, sappi che è un esercizio molto potente. Le due aree neurologiche (credenze e confusione) creano dei ponti tra di loro consolidando delle connessioni. Creando una connessione con la confusione, la credenza è destinata a svanire.

Puoi verificare già da subito se hai fatto bene l'esercizio ripetendo ad alta voce la vecchia credenza e dandole un punteggio. Se noti già un abbassamento del punteggio vuol dire che sta funzionando. Ad alcune credenze molto vecchie e molto radicate servirà del tempo per azzerarsi. A volte servono giorni, settimane o qualche mese. Ogni tanto ricontrolla il punteggio. È una tecnica molto particolare e potente allo stesso tempo perché "bypassa" il razionale.

In questa tecnica non fai altro che pensare a cose che apparentemente non hanno nulla a che fare con la credenza. Questo tipo di lavoro è molto adatto a chi è estremamente razionale, perché scavalca il suo "controllo" permettendo alla tecnica di funzionare. Per i rari casi di maniaci del controllo, potrebbe non funzionare. Bisogna provare a lasciarsi andare un po' e smettere di cercare di controllare persino ogni passaggio della tecnica. Intanto non si rischia nulla a provare, anzi. Ci sono altre tecniche, ma vanno fatte essendo assistiti. Infatti queste cose le faccio nelle sedute di coaching, oppure nei miei seminari dal vivo, dove trattiamo anche l'inserimento delle credenze potenzianti. Così come si possono distruggere, le credenze si possono anche costruire.

Valori

Qual è il successo che più desideri? Quello coerente con i tuoi valori, ovvero con ciò in cui credi e che riveste importanza per te. Puoi infatti mentire ad alta voce al tuo compagno, ai tuoi amici, a chi ti interroga, ma non a te stesso. Il tuo inconscio spesso ha la meglio sui tuoi ragionamenti ad alta voce. E ancor di più su quelli che non sono altro che desideri, ovvero piccole fiammelle immerse nel fuoco dei valori. Quelli che guidano la tua vita.

I valori sono il modo in cui valutiamo le nostre azioni. Forniscono la motivazione che precede l'azione. I valori guidano nelle scelte e nei comportamenti. Però non sempre siamo allineati nelle nostre scelte e ai nostri valori e così si generano dei conflitti interni. Ecco perché dopo aver capito cosa sono i condizionamenti e come lavorarci su, adesso ci dobbiamo soffermare sulla nostra personale e reale scala di valori.

Se credi di poter definire che cos'è per te il successo senza prima aver determinato i tuoi valori, sbagli come fa la maggior parte delle persone. Se sei pronto a dichiarare che per te il successo equivale a denaro e fama, prova prima a comprendere quanto sono importanti la tranquillità, il benessere, il calore della vita familiare, lo svago. Fama e ricchezza raramente portano serenità d'animo, ricordatelo. E se inseguissi i valori materiali a scapito dei secondi, più radicati in te, andresti incontro ad amare delusioni. Ecco perché nella parte precedente spiegavo che il lavoro più importante parte dall'interno. Perché lì stanno le radici. Una pianta non ha solo le foglie. Possiamo curare quanto vogliamo le foglie ma, se non ci prendiamo cura delle radici, la nostra piantina non crescerà. Impara quindi a conoscere i valori in cui credi veramente.

Contrassegna con sincerità l'importanza dei seguenti valori per la tua vita:

***** = molto importante

**** = importante

*** = sufficientemente importante

** = non importante

* = per nulla importante

VALORI DI RIFERIMENTO	VALORI SCELTI
AMORE	
LAVORO	
CARRIERA	
RISPETTO	
AMICIZIA	
RELIGIONE	
GENEROSITA'	
AVVENTURA	
LIBERTA'	
FAMIGLIA	
DENARO	
FAMA	
AMBIZIONE	
SESSO	
FEDELTA'	
SINCERITA'	
INDIPENDENZA	
DIVERTIMENTO	
ORGOGLIO	
DIGNITA'	

SUPERIORITA'	
CULTURA	

Ora che hai determinato i tuoi valori, dopo aver analizzato le tue credenze, hai la concreta possibilità di specificare chiaramente che cos'è per te il successo. Basterà che guardi quali sono i valori più importanti per te.

Poniamo che siano amore, indipendenza, rispetto, ambizione. Immaginati a cinque anni di distanza in una posizione professionale invidiabile, rispettato da colleghi e concorrenti, autonomo e indipendente. Guarda al futuro con serenità, senza essere attirato dal sogno di una ricchezza eccessiva. Infatti hai anche l'amore della tua compagna o del tuo compagno, o magari dei figli. Come ti senti in una simile situazione? Probabilmente all'apice del successo.

Ora puoi descrivere la visione ideale del tuo successo, basato sui tuoi reali valori.

– Il mio successo sarà reale e definitivo quando:

– Scrivi anche come misuri il tuo successo, se vuoi essere certo di poterlo valutare:

Ora che sai cos'è il successo vero per te, hai compiuto il primo passo. Ma prima di fare il secondo, chiariamo anche le regole del successo.

Le quattro regole del successo

Il successo ha una formula segreta. Gli ingredienti di questa formula sono:

- presupposto;

- desiderio;

- fede;

- perseveranza.

Presupposto

Cosa vuol dire il presupposto? Vuol dire avere in mente in modo chiaro quello che si vuole. Se così non è, il cervello non ti porterà mai fino lì. Qui bisognerebbe inserire un paragrafo sul *decidere per/e agire*. Decidere quello che si vuole e decidere di muoversi in quella direzione.

Ma c'è un altro aspetto da considerare. Con la modernità, l'essere umano ha sempre di più difficoltà ad ascoltarsi. Si è staccato quasi completamente dalle sue radici spirituali. Si è "robotizzato" per stare al passo con l'evoluzione della tecnologia. La tecnologia e le scoperte degli ultimi secoli sono fantastiche, solo che dobbiamo ricordarci anche di noi stessi e reimparare a vivere il nostro intimo, imparare nuovamente a dare spazio a quello che siamo intimamente.

Con gli strumenti dati finora sarai in grado anche di ascoltare sempre di più il tuo cuore e il tuo intuito. E ci interessa, perché l'intuito è il carburante della felicità. Siamo sempre preoccupati e ossessionati dal *come* realizzare ciò che desideriamo e, nonostante ciò, non ci proponiamo nulla e non facciamo nulla, perché non sappiamo come farlo. Inizia invece con *cosa e perché*, e solo a quel punto decidi di farlo. Solo così saprai decidere e il tuo cuore, il tuo cervello e il tuo intuito sapranno portarti verso la meta.

Dovrai però cancellare dal tuo vocabolario la parola procrastinare. Procrastinare è una condizione fisiologica dell'essere umano, perché la razionalità tende di proteggerci e quindi fa in modo di eliminare tutto quello che potrebbe accendere la spia del pericolo. Il vizio di rimandare, prima o poi, tocca tutti. Spesso entra in azione nel momento in cui decidiamo di cambiare qualcosa: la nostra vita professionale, le dieta o anche l'ora in cui ci svegliamo al mattino. Di fronte all'imminente cambiamento (spia del pericolo), che comporta un certo sforzo, ciascuno di noi tende a erigere barriere mentali che giustificano il rimandare la data di inizio.

Se dobbiamo metterci a dieta, rimandiamo a dopo le feste; se dobbiamo cambiare lavoro, rimandiamo a quando "veramente" capiterà l'opportunità giusta... Risultato: dopo mesi, o anni, ci si ritrova al punto di partenza; l'intenzione e la voglia di cambiare ci sono, ma il risultato no. Agire adesso non vuol dire muoversi prima di aver deciso cosa fare e come farlo. Significa, anzi, aver prima pianificato le proprie azioni, per poi metterle in atto con decisione assoluta. «Molta gente non si è mai fermata a chiedersi "cosa voglio esattamente dalla mia vita". Talvolta è il motivo per cui possiamo girare a vuoto per un'intera esistenza. Chiarisci ciò che desideri e paga il prezzo. Il prezzo è sempre psicologico. Se non ti alleni non meriti di vincere» (Andre Agassi).

Per questo prima di arrivare a questo punto, ti è stato chiesto di rispondere a tante domande, di elaborare tanti concetti per poter poi pianificare e agire senza esitazioni. Agire adesso è prerogativa di pochi: di coloro che riescono a governare la propria vita e riescono a realizzare i propri obiettivi. Agire adesso richiede forza, forza interiore, perché bisogna vincere le sempre presenti resistenze interne date dalla pigrizia, dalla paura, dai pregiudizi, dalla voglia di rimandare.

Quindi se ti vuoi un minimo di bene, anche se all'inizio sarà uno sforzo di volontà, decidi. Decidi una volta per tutte cosa vuoi. Non avere chiaro in mente dove si vuole arrivare è come stare su una nave alla deriva e senza una meta. Ma la direzione della nave non dipende dal vento, ma da come piegherai le tue vele. Altrimenti nessun vento è quello giusto per chi non sa dove andare.

Ricordi la storia dell'iceberg? Siamo stati educati a usare la logica e la razionalità per pianificare, per agire e per fare tutto nella vita. Questa volta usale per decidere di non procrastinare. Poi entrerà in azione la tua più grande forza, quella di cui purtroppo non sei consapevole, cioè l'inconscio. Se stabilisco con precisione dove voglio andare, il mio cervello, tra razionale e subconscio, saprà trovare il modo per farmi arrivare. Se io non istallo una meta ben precisa, il mio cervello non potrà portarmici, perché funziona esattamente come un Gps. Se non inserisco la destinazione, non potrà mai funzionare.

Desiderio

Il desiderio è il carburante che ci dà la forza propulsiva per perseverare sulla nostra strada verso l'obiettivo che ci siamo prefissati. È il motivo che ci fa alzare al mattino e ci spinge all'azione e che noi chiamiamo motivazione (il motivo dell'azione). Solo un desiderio ardente può spingerti e spronarti verso il tuo sogno nonostante gli ostacoli apparenti. «La natura, per mezzo di uno strano e potente principio di chimica mentale mai rivelato, integra nell'impulso del desiderio ardente un "qualcosa" che non ammette l'esistenza dell'impossibile e non accetta la realtà della sconfitta». (Napoleon Hill).

Poi ci può essere anche l'ignoranza. Intendo dire che molte delle cose che possiamo desiderare non sappiamo come fare per averle. E questo è legato all'informazione, oltre all'aver deciso per *cosa e perché*. Ecco perché aggiornare i sistemi di vita ci può aiutare ad avere le conoscenze e gli strumenti giusti per farlo. E se abbiamo deciso cosa vogliamo e abbiamo deciso di agire per ottenere quello che desideriamo, troveremo come per magia anche gli strumenti giusti per poterlo fare.

Fede

C'è una grande differenza tra desiderare qualcosa ed essere pronti a riceverla: nessuno è pronto finché non crede di poterla conquistare. Ci vuole una grande fede. Questo è lo stato mentale che occorre: la convinzione assoluta, non la semplice speranza o il solo desiderio. L'uomo moderno, anche se poco consapevole, oltre le sue scelte razionali è in gran parte istintivo. Abbi fede in quello che hai scelto per istinto, con il cuore o con la pancia. Beethoven era sordo e Milton era cieco, ma i loro nomi vivranno in eterno: «Nessuno è sconfitto se non accetta di esserlo nella realtà».

«Un uomo, se ci crede veramente, può diventare re». Lo disse Casanova e lo ripeterono, convinti, imprenditori come Henry Ford, inventori come Thomas Edison e, in tempi più recenti, Silvio Berlusconi. L'espressione nel suo significato profondo vuol dire che un re non deve possedere un regno per sentirsi tale. Può essere un parroco che riempie ogni domenica la sua chiesa come anche un networker che aumenta la sua down line di persone soddisfate dei loro risultati. Nessuno può stabilire chi è un re e chi non lo è. Ma se uno non crede di poter diventare tale, mai lo sarà.

Se difatti ciascuno di noi è libero di scegliere il proprio campo di eccellenza (non necessariamente professionale), è d'altronde vero che l'eccellenza la raggiunge solo chi ci crede. Lo potrebbe testimoniare Napoleone Bonaparte, che diceva ai propri generali: «Prima dobbiamo credere di poter vincere, poi dobbiamo volerlo fino in fondo, dopodiché non ci resta che combattere». Il successo, in qualsiasi campo, è alla portata di tutti. Solo che pochi lo sanno. E fra quei pochi ve ne sono ancora meno che hanno veramente voglia di raggiungerlo. E fra questi ultimi, ve ne sono ancora meno che sono disposti a pagare un alto prezzo per realizzare i propri obiettivi. Ma qualcuno c'è, e tutti hanno in sé il potenziale per farcela. Basta soprattutto crederci.

Così come Edison riuscì a trovare la volontà di proseguire gli esperimenti per l'invenzione della lampadina, dopo aver fallito mille tentativi. Tanti si fermano al desiderio. Ma tra desiderare e volere un obiettivo c'è differenza. Desiderio è tutto quello che ci piacerebbe fare o avere, ma per cui non siamo disposti a impegnarci fino al limite e a sacrificare ciò che abbiamo e ciò che siamo. L'obiettivo è ciò che vogliamo ardentemente raggiungere – ben consci del prezzo necessario per riuscirvi – ciò che veramente vogliamo. Il successo è funzione diretta della fiducia e della volontà di raggiungerlo.

Perseveranza

La perseveranza è fatta di una serie di cose ripetute volutamente e, questa volta, decise a livello razionale. Quindi se non c'è la perseveranza come anche la volontà di fare cose necessarie e non soltanto piacevoli, niente di quello che abbiamo elencato prima funziona o fa ottenere il successo. In materia di leadership la perseveranza è uno dei principali attributi. Il leader è colui che fa le cose necessarie e le ripete con molta autodisciplina.

È inutile avere presupposto, desiderio e fede se non si ha perseveranza per fare continuativamente una serie di cose necessarie. E in questo caso diventa un nostro alleato il razionale. Infatti un modo per migliorare in questo senso consiste nell'eliminare alcune delle cose che non hanno portato da nessuna parte e inserire man mano delle nuove attitudini e abitudini. È risaputo che è inutile ostinarsi a fare le stesse cose per avere risultati differenti. Bisogna cambiare. Gandhi diceva: «Sii il cambiamento che vuoi vedere nel mondo».

Nei capitoli precedenti ti ho spiegato come siamo influenzati da ciò che ci circonda, ma anche che possiamo influenzare le persone e tutto ciò che ci sta intorno. Infatti, tutto il percorso proposto in questa sede ha lo scopo di dare consapevolezza, che reputo il più grande guadagno che puoi avere da questo libro così atipico. La consapevolezza è un sistema operativo per la mente umana. Oserei dire il più importante sistema operativo. Imparare a osservarsi e ad ascoltarsi può solo aumentare il dono più prezioso che abbiamo perso nei secoli, ossia la consapevolezza. Solo così sapremo cosa dobbiamo iniziare a cambiare. «Il cambiamento non è mai doloroso... solo la resistenza al cambiamento lo è» (Buddha).

Nei prossimi capitoli analizzeremo il concetto di successo in un senso più ampio: quello della vita nella sua interezza.

RIEPILOGO DEL CAPITOLO 4:

- SEGRETO n. 1: Gran parte del nostro futuro è determinata da ciò che crediamo.

- SEGRETO n. 2: Le credenze sono dei veri e propri pilastri su cui ruotano i nostri comportamenti e le nostre azioni e che influenzano inconsciamente la nostra realtà.

- SEGRETO n. 3: Credenze e valori determinano la nostra mappa mentale che poi fa interpretare la realtà in base alle stesse credenze e valori.

- SEGRETO n. 4: Così come si possono installare, le credenze si possono eliminare.

- SEGRETO n. 5: Per avere successo devi avere: presupposto, desiderio, fede e perseveranza.

Capitolo 5:
Come raggiungere i propri obiettivi

Tutti noi, o quasi, ci siamo sentiti dire che bisogna porsi degli obietti e scriverli. Abbiamo anche sentito dire che, per essere un obiettivo ben formato, deve avere delle caratteristiche. Sicuramente deve essere S.M.A.R.T.

- S: specifico
- M: misurabile
- A: attendibile
- R: rilevante
- T: Temporizzabile

Non entro nei particolari perché questo concetto è già molto ben spiegato in tanti manuali e percorsi formativi classici. Vorrei piuttosto fare un passo indietro, perché ritengo che nel fissare gli obiettivi ci siano seri pericoli, che nessuna scuola insegna agli studenti.

Nella parte terza, se ricordi, abbiamo parlato dell'educazione che abbiamo ricevuto in riferimento agli obiettivi legati alla felicità. Siamo stati educati a porci degli obiettivi e a lavorare duro. Fin qui nulla di sbagliato, se guidati da un'ottima visione del futuro e con la giusta consapevolezza che bisogna fare distinzione tra due tipi di obiettivi: strumentali e finali.

Mi spiego meglio. Il pericolo deriva dal fatto che la nostra educazione proviene da una serie di condizionamenti: culturali, sociali, religiosi ecc. Uno di questi condizionamenti è l'impegnarsi a progettare accuratamente la nostra esistenza verso quell'idea che chiamiamo carriera. Di conseguenza, quando le persone pensano agli obiettivi da stabilire, e alle proprie visioni per il futuro, nella stragrande maggioranza dei casi il loro modello dominante si incentra sulla carriera e sul denaro.

In troppi perseguono obiettivi che credono che li renderanno felici, solo per svegliarsi un giorno, a quarant'anni, domandandosi perché diamine si trovano bloccati in una vita noiosa, stagnante e senza attrattive. Mi ci è voluto un lungo periodo di disguidi, disavventure, sofferenze e il dramma di licenziarmi dal famoso posto ambito e sicuro prima di capire in quale routine stavo sprofondando. C'è un difetto fondamentale nel moderno sistema di stabilire obiettivi: con la mente offuscata dai tanti condizionamenti, confondiamo i mezzi con il fine trascurando totalmente quello che sta dietro a tutto questo: l'uomo e la sua vita di straordinaria pienezza.

L'espressione "è un mezzo per raggiungere un fine" si applica anche agli obiettivi. Anzi, bisogna farlo. Scegliamo l'università, la carriera, il denaro come fossero il fine, mentre sono mezzi per raggiungere un fine. Spesso le persone confondono gli obiettivi strumentali, come quelli appena elencati, con gli obiettivi finali. E qui ci si può mettere nei guai. Gli obiettivi finali sono le meravigliose ed entusiasmanti ricompense per l'essere umano, sono quelli che danno la gioia di per sé, non perché attribuiscono un'etichetta, un livello o un valore stabiliti dalla società.

Sono quelle esperienze che creano i ricordi migliori della nostra vita come l'amore, viaggiare per sentirsi felici, imparare qualcosa solo per la gioia di imparare e così via. Alcuni dei miei obiettivi finali sono stati:

- Vedere i miei genitori godersi gli ultimi anni della loro vita in condizioni degne, come meritavano da persone che hanno lavorato e si sono sacrificate una vita intera.
- Andare di sorpresa a vedere l'interpretazione della prima opera teatrale scritta da mio nipote.
- Invitare tutti i miei amici a godersi il mio compleanno in un mega villaggio sul Danubio.
- Scrivere questo libro con l'intento di aiutare almeno una persona a ritrovare la strada verso sé stessa.

Quindi ritengo importantissimo fare distinzione fra gli obiettivi strumentali e quelli finali. Gli *obiettivi strumentali* non sono mai autonomi, ma sono un trampolino verso qualcos'altro, sono parte di una sequenza. Per esempio, nel mio caso, ottenere una buona laurea, che portava a un buon lavoro, che portava a un ottimo guadagno, che portava a permettersi una casa, un'auto e così via, e anche a risparmiare denaro per fare, una volta in pensione, tutte le cose che desideravo.

Gli obiettivi strumentali in genere si pensa di "doverli" realizzare per raggiungere lo scopo finale. Molti di questi obiettivi sono dei condizionamenti abilmente camuffati.

Gli *obiettivi finali* implicano il seguire il cuore. Il tempo vola quando si persegue un obiettivo finale. Infatti non assomigliano mai a un "duro lavoro". Ci si può lavorare per ore, per giorni, mesi e così via senza mai stancarsi. Non si sente mai il bisogno di staccare, perché rendono felici o ci danno un significato. Questo è un modello decisamente più elevato. Quando vivi con modelli orientati agli obiettivi strumentali, vieni spinto, e quindi ti serve una motivazione. Ecco perché reputo ben poco funzionali i corsi motivazionali. Perché la motivazione, senza uno scopo e una visione, dura poco. È come voler riscaldare la casa con una stufa alimentata da una manciata di paglia.

Quando invece vivi il tuo scopo finale, sei trainato da una visione, non rinunci agli obiettivi strumentali, non abbandoni i compiti... li hai ancora, ma non ti guidano. A questo livello ti svegli ogni mattina entusiasta di ciò a cui stai lavorando. Qualunque cosa sia: il tuo normale lavoro, un progetto di volontariato o un'iniziativa imprenditoriale come il network marketing. La vocazione è forte, ti guida e ti incita a muoverti. Nel classico modello degli obiettivi avevi perennemente bisogno di motivazione. È stato questo a fare la fortuna dell'industria degli strumenti motivazionali che è nata per sostenere simili sforzi.

Ma lascia che ti dica una cosa: la motivazione serve solo quando stai inseguendo una regola e un condizionamento altrui che ha generato un obiettivo esclusivamente strumentale. Quando invece capirai che seguire un obiettivo finale significa seguire un qualcosa che ha a che fare con la tua vocazione, vedrai che come per magia non avrai più bisogno di motivazione. Verrai trainato dalla tua visione.

Quando avrai un obiettivo finale che deriva dai tuoi sentimenti più profondi, sarai già a un livello superiore in cui non rimarrai più impantanato nei futili problemi e nelle scortesie, nel rancore e nella rivalità. Non avrai più tempo per l'arrivismo, per puntare il dito, fomentare tensioni, pugnalare alle spalle, tiranneggiare, spettegolare o sacrificare gli altri sprecando così giornate piene di noia e infelicità.

Avrai da pensare a cose ben più grandi: a problemi le cui

soluzioni potrebbero aiutare qualcuno. Sarai in grado di affrontare obbiettivi davvero importanti, che potranno influenzare lo stesso ambiente culturale che tanto ti ha limitato finora. Per esempio, scrivere questo libro per me è un obiettivo finale. All'inizio mi spaventava, ma poi mi sono entusiasmata. Ed è stato divertente, piacevole e senza che abbia percepito ombra di noia o di fatica. È diventato il centro del mio interesse.

Lo spavento e l'entusiasmo sono due meravigliose sensazioni che spesso gli obiettivi finali suscitano. Lo spavento è il segnale che andando oltre i tuoi limiti personali e l'entusiasmo è il segnale che quell'obiettivo ti sta a cuore. Infatti, non lo facevo per fare un piacere agli altri o perché le regole e i condizionamenti mi dicevano di farlo, ma perché mi faceva piacere farlo, così come mettere un granello della mia esperienza al servizio di qualcuno.

Gli obiettivi finali sono spesso emozioni come quelle di essere felici, innamorati, di sentirsi costantemente gioiosi e così via. Anche comprare una casa, una macchina, raggiungere una qualifica possono dare delle emozioni, ma non sono obiettivi finali, *a meno che* tu non sia felice nel perseguirli. Diversamente procurano una felicità solo temporanea, mentre quello che crea le condizioni per avere tutto ciò che si vuole, lo abbiamo già spiegato, è la felicità duratura.

Potrebbe sembrare utopico, e infatti è facile cadere nella trappola degli obiettivi strumentali. Per essere sicuri che non sia così, gli obiettivi finali devono rientrare in tre categorie: l'esperienza, la crescita e il contributo. Ti puoi aiutare con tre domande:

- Quali esperienze vuoi avere nella vita?
- Come vuoi crescere?
- In che modo vuoi dare il tuo contributo?

Per essere sicuro di non sbagliare, concentrati sulle sensazioni che ti procurerebbero la tua relazione sentimentale ideale, le esperienze con gli amici, una casa a tua misura, i viaggi che hai sempre voluto fare... Per avere quelle esperienze, come dovresti crescere? La crescita personale può e dovrebbe avvenire durante tutto il corso della vita, non solo da bambini. Esattamente come un albero che non smette mai di crescere.

Queste domande sono strettamente legate a quella di prima. Per avere quelle esperienze, come dovresti sentirti? Che aspetto vorresti avere tutti i giorni? Cosa dovresti imparare per avere le esperienze che hai elencato? Quali capacità ti aiuterebbero ad avere successo sul lavoro che ti piacerebbe fare? E, se hai fatto tutte queste esperienze e sei cresciuto fino a quel punto, come fai a restituire tutto ciò al mondo? Che contributo vorresti dare al tuo settore di lavoro? In quali modi puoi condividere il tuo io creativo con il mondo? In che modo vorresti contribuire alla tua comunità?

Quando si stabiliscono grandi e meravigliosi obiettivi finali, il cervello coglie ciò che vedi e che provi e si mette all'opera, facendosi strada per raggiungerli. Forse adesso possiamo tornare alla parte quarta e integrare la frase del terzo capitolo – paragrafo "Le regole del successo", sezione "Presupposto" – e lavorare specificatamente e separatamente sugli obiettivi finali e/o strumentali. Non ti avrei fatto perdere tempo con questa analisi atipica sugli obiettivi e sulla differenza tra le due categorie se non fossero collegati tra loro.

Infatti la formula del successo per raggiungere gli obiettivi nella propria esistenza consiste nel comprendere se quanto ci proponiamo sia in sintonia con le nostre risorse e se sia ecologico per la nostra parte profonda. In altre parole, raggiungiamo con successo i nostri obiettivi strumentali solo a patto che siano allineati ai nostri obiettivi finali, comprensivi dei nostri valori.

Ad esempio, se decidi di fare network marketing, devi renderti conto che decidi di intraprendere una nuova professione. Quindi dovrai analizzare se hai le capacità, le risorse o, meglio, la disponibilità a specializzarti e ad acquisire nuove competenze, se sei disposto a dedicarvi del tempo e se il tutto è allineato ai tuoi valori. Adesso forse capisci meglio perché ti suggerivo l'esercizio dei valori.

Supponiamo che tu abbia deciso di intraprendere questo nuovo mestiere con tutto quello che presume, che abbia impiegato molte energie per farlo e che alla fine sia riuscito a raggiungere un buon traguardo. Sei diventato una persona di successo riconosciuta, sei invitato a vari eventi e ora stai andando all'estero, a un convegno, come ospite d'onore. Mentre ti stai imbarcando, ti chiama la famiglia per ricordarti che devi presentarti al compleanno di tuo padre. Dopo un anno di eventi simili a questo, un bel giorno, la tua famiglia non ti vuole più parlare né vedere. Solo allora ti rendi conto che probabilmente, rispetto ai valori che avevi e a cui tenevi, forse non hai bilanciato e strutturato bene l'obiettivo, perché il tuo valore principale era la famiglia e non il lavoro.

Nel prefissare quell'obiettivo, non hai calcolato che poteva comportare dei costi per te inaccettabili. Allora, per non rischiare di fare passi falsi nella pianificazione degli obiettivi strumentali, per preservare le nostre forze e le nostre energie e per evitare delusioni, bisogna avere una buona formazione sui valori in partenza. Esiste un gioco chiamato "come se": in altre parole, quando ci poniamo un obiettivo strumentale, dobbiamo fare "come se" si fosse già realizzato. In questo modo possiamo analizzare tutti i pro e i contro che la meta comporta.

Gli individui che raggiungono con successo i propri propositi si distinguono dagli altri perché seguono inconsciamente uno schema ben determinato:
1. Conoscere il proprio obiettivo.
2. Avere un piano e una strategia per raggiungerlo.
3. Osservare il risultato delle proprie azioni (cosa funziona e cosa

non funziona).

4. Essere flessibili con il proprio comportamento e modificarlo fino al raggiungimento dell'obiettivo.

Il *primo punto* è semplice e allo stesso tempo fondamentale: sapere con precisione quale sia la propria direzione. Questo permette di focalizzare le proprie energie e di concentrarle verso il suo raggiungimento. Obiettivi troppo vaghi possono creare dispersione rendendo vano il lavoro.

Il *secondo punto* suggerisce di mettere a punto un piano o un progetto per raggiungere l'obiettivo. Per poterlo realizzare è importante definire tutti gli elementi che servono al suo conseguimento. È fondamentale apprendere come si costruiscono obiettivi "ben formati". A tal proposito può essere utile rispondere alle seguenti domande. Inizia con lo scrivere sinceramente il tuo obiettivo e accertati che risponda ai seguenti requisiti:

1. È affermato positivamente?
Le frasi devono essere espresse in positivo in quanto il nostro inconscio non computa parole come "no" e "non". Se ti dici:

"Non voglio perdere l'appuntamento", la tua parte profonda computa "Voglio perdere l'appuntamento". La frase corretta è: "Voglio fissare l'appuntamento con". Devi ribaltare tutte le affermazioni negative in positive.

----

2. Sai dove sei ora rispetto all'obiettivo?

Questa domanda ti permette di comprendere la tua posizione rispetto all'esito dell'obiettivo.

----

3. Sai cosa sentirai, vedrai e odierai quando l'avrai raggiunto?

Anche se non sei abituato, prova ad arricchire il tuo obiettivo con i cinque sensi perché l'inconscio tende in questo modo a sentirlo più reale; anzi prova a immaginarlo come la scena di un film. Ricordi? Ti ritrovi spesso a piangere o ridere anche se sai che non è reale. Il tuo inconscio, come sai già, non distingue l'immaginazione dalla realtà.

----

4. Come farai a sapere quando lo avrai raggiunto?

Questo punto è fondamentale in quanto rappresenta l'immagine da usare nelle visualizzazioni per programmare la tua mente. Ad esempio, se desidero raggiungere una nuova qualifica, l'immagine che può darmi la certezza di averla raggiunta consiste nel vedermi premiato dal presidente durante un evento.

----

5. *È congruamente desiderabile (non c'è niente in contrasto)?*
È importante che il tuo obiettivo non sia in contrasto con i tuoi valori e le tue credenze (vedi gli esercizi della parte quarta).

----

6. Sei l'unica persona coinvolta (sotto la tua responsabilità)?
Non poi formulare obiettivi che non dipendono dal tuo operato e
che non puoi controllare.

----

7. Dove, come, quando e con chi lo vuoi?
Questa domanda ti permette di definire meglio il contesto spaziale
e temporale in cui l'obiettivo deve concretizzarsi.

----

8. *Elenca le risorse che hai e anche le risorse di cui hai bisogno per raggiungerlo (anche se non sono note, possono essere generiche).*

----

9. *Per quale scopo lo vuoi?*

Lo vuoi per te stesso o per qualcun altro? Ad esempio, alcuni di noi scelgono determinate facoltà universitarie sotto la spinta dei genitori, per poi scoprire che non sono in sintonia con le proprie attitudini e abbandonare. Oppure puoi scoprire che l'obiettivo tanto desiderato in realtà può essere concretizzato in un modo completamente diverso. Ad esempio, desidero una casa al mare e poi scopro che in realtà ho solo bisogno di riposo e tranquillità, un obiettivo che può essere soddisfatto in modi più economici.

----

10. *Cosa guadagni se lo raggiungi? Cosa accade se lo raggiungi? A cosa rinunci se lo raggiungi? Cosa accadrebbe se non lo raggiungessi?*

La risposta a questa domanda ti permette di comprendere e soppesare il rapporto costi/benefici delineando tutti i possibili scenari. Infatti ti permetterà di capire se conviene perseguire l'obiettivo o abbandonarlo.

Questi dieci punti ti consentiranno di capire se quanto ti sei proposto è raggiungibile, se ha bisogno di modifiche o se deve essere accantonato.

Una volta che avrai stabilito con chiarezza quello che vuoi, incrementa anche le rimanenti regole S.M.A.R.T. per renderlo più funzionale possibile. Se qualcosa è andato storto, riprendila in mano e valuta la strategia che ti ha portato a quel risultato. Quindi modifica la tua strategia mettendo in atto solo ciò che funziona e modellala fino al raggiungimento dell'obiettivo. È ormai celebre la frase: «Se continuate a fare quello che avete sempre fatto otterrete quello che avete sempre ottenuto».

Se serve, torna a rileggere, nel Capitolo 3, il paragrafo "Aggiornare i sistemi quotidiani". Ma adesso, quando starai pensando che abbiamo finito, ti devo deludere e chiedere di avere ancora un po' di pazienza, perché manca l'ultima parte, forse la più importante: distaccarsi dall'obiettivo. Ti sembrerà strana questa cosa, ma non è una mia invenzione. Anche qui entra in gioco una legge di cui non siamo a conoscenza, la Legge della Bipolarità. Che ci piaccia o no, esiste e funziona in modo scientificamente dimostrato.

Abbiamo già parlato di come noi tutti siamo energia al di là della semplice materia, come del resto la sedia dove ti siedi o i vestiti che indossi. Abbiamo poi spiegato le vibrazioni. La materia si comporta in maniera differente in base alle diverse velocità di vibrazione, ma tutto è energia. Complessivamente è la cosiddetta Energia Universale. Questa Energia Universale si muove grazie a polarità opposte. Infatti, se ci pensi , in natura esistono il bello e il brutto, la gioia e la tristezza, il bianco e il nero, il bene e il male, l'ordinario e lo straordinario...

L'Energia Universale, al pari di quella elettrica, ha bisogno di polarità opposte per scorrere. Ciò vale anche per l'obiettivo che ti sei prefissato: da un lato dovrai desiderarlo molto, dall'altro ti ci dovrai poi distaccare e non pensarci più. In questo modo crei il giusto potenziale per far scorrere l'energia.

Desiderare tutti i giorni qualcosa significa non attivare la polarità negativa. Non si verifica alcuno scorrimento, alcuna manifestazione del desiderio che abbiamo. Dopo il forte desiderio iniziale, praticare il distacco permette lo scorrimento dell'intenzione e la sua relativa manifestazione. In parole povere sarebbe a dire: mi propongo un obiettivo, però lo faccio consapevole che può accadere qualsiasi cosa, che può realizzarsi come anche non realizzarsi.

Anche se ho il dovere di tenerlo controllato, di aggiornare la strategia e i sistemi quotidiani, anche se proseguo nell'applicazione del mio piano, allo stesso tempo sono pronta anche a non realizzarlo, consapevole che qualsiasi cosa accada è per il mio bene. So che può sembrare difficile assimilare una simile idea e farle oltrepassare la soglia del razionale. Se hai difficoltà ad andare avanti con la lettura e senti che qualcosa ti frena, torna indietro e rileggi il capitolo sull'eliminazione delle credenze. Difficilmente accettiamo le cose semplici e tendiamo piuttosto a metterle in dubbio, anche se sono comprovate scientificamente. Ma a questo punto della lettura abbiamo superato l'ignoranza con le tante informazioni, perciò ti chiedo soltanto di farlo. Non è la sede adatta per approfondire questo discorso, quindi ti chiedo solo di farlo. Cosa ti costa alla fine? Semmai dirai dopo se si tratta di una stupidaggine.

Non ti resta che partire dal presupposto che il desiderio, il tuo obiettivo, possa non manifestarsi e avere uno stato interiore che suoni più o meno in questo modo: «Che funzioni o non funzioni, non mi interessa. Se anche non si manifesta, non è importante». In realtà lo stai già facendo tutti i giorni, ma poiché non conosci questa legge, probabilmente non te ne sei accorto. Ti è mai successo di inseguire qualcosa per molto tempo (forte intento e desiderio – polarità positiva) e in seguito di distaccarti definitivamente e sinceramente da quel desiderio per rassegnazione o disinteresse (distacco – polarità negativa)? E ti è mai successo che si manifestasse nella tua vita proprio quando non ci pensavi più?

Potrei raccontarti un sacco di aneddoti sulla mia vita per farti comprendere questo processo, ma mi limiterò a raccontartene uno. All'inizio degli anni Duemila, quando decisi di andare all'estero, ho fatto di tutto per ottenere un visto di lavoro. Ho provato con il Kuwait e con la Libia. Tutto doveva succedere molto velocemente, invece passarono quasi tre anni e, dopo tantissimi tentativi, niente.

Poi arrivarono un'offerta lavorativa dall'Italia e una dalla Germania. Scelsi l'Italia senza ombra di dubbio, dove peraltro avevano fretta di concludere il contratto di lavoro. Ma anche stavolta, dopo altri due anni di innumerevoli tentativi, niente. Mi ero rassegnata al pensiero che tutto fosse una grande fregatura. Non ci pensavo più. Dopo qualche mese, come per magia, successe tutto assieme: in due settimane sono venuti fuori tutti i documenti, visto e viaggio compreso. Diffida di chi ti dice che bisogna essere maniacalmente attaccati al proprio desiderio. Fai le tue cose, ma rimani distaccato dal risultato. Ricordi le regole del successo? Abbi fede e basta. Prosegui nel tuo cammino per come pianificato. Ti arriverà quello che ti dovrà arrivare e che andrà bene per te.

Gestione del denaro

Questo paragrafo non deve essere inteso come una lezione su come fare soldi o far lavorare i soldi per te; questo lo lascio ai professionisti del settore. Ha piuttosto l'intenzione di fare luce sul rapporto che ognuno ha con il denaro. Il denaro può causare ansia e dolore, oppure può permettere di vivere una vita serena e appagante. Dipende da come lo si gestisce.

Il problema è che parlare di denaro è sempre difficile. Ognuno ha infatti una propria idea del denaro, un proprio modo di rapportarvisi che spesso deriva da ciò che gli è stato insegnato, dai discorsi che ha sentito, dalle difficoltà che ha attraversato in relazione ai soldi. Visto che abbiamo acquisito sempre maggiore consapevolezza del fatto che siamo noi a plasmare la realtà, è intuibile che, tra le tante, c'è anche la possibilità di plasmare il rapporto con il denaro.

È importante innanzi tutto chiarire una cosa: la percezione del denaro non è influenzata solo da quanto se ne ha a disposizione. Ci sono persone che guadagnano molto di più di quello di cui avrebbero bisogno, eppure hanno esistenze difficili, costantemente caratterizzate dalla paura del futuro e dell'incertezza. Altri faticano a mettere da parte un centesimo dopo l'altro per far quadrare i conti, ma hanno una vita piena e appagante. Non esiste un modo giusto o sbagliato, migliore o peggiore di vivere il rapporto con denaro. Quello che conta è saper gestire il proprio rapporto con i soldi in modo sereno ed equilibrato.

Siamo passati dal capire cosa ci blocca nel realizzare i nostri desideri, al capire come aggiornare i nostri sistemi di vita e pianificare le nostre azioni per avere una vita più appagante e felice. Non vuol dire che non avremo alti e bassi, ma essere consapevoli di come approcciare gli eventi che arrivano sicuramente è la chiave che ci cambierà la qualità di vita. E non vogliamo certo tralasciare l'aspetto più delicato, ossia lo stress che ci può procurare il rapporto con il denaro. Anche se è soltanto uno strumento che consente di rendere più agevole il commercio e non ha nessun attributo di moralità o immoralità, per la maggior parte delle persone è causa di stress.

Ma perché siamo stressati dal denaro? Perché desideriamo averne di più o perché ne spendiamo come ne avessimo già di più, vivendo quindi al di sopra delle nostre possibilità. E siccome nel settore del network marketing questa questione è quella che provoca scompensi a livello personale e aziendale e che spesso è la leva che fa sviluppare il lato "mercenario" di questo settore, ho sentito il bisogno di scrivere questo paragrafo. Poi sicuramente può tornare utile anche per la vita di tutti i giorni.

Quasi tutti sono convinti che si possa superare lo stress dato dal denaro guadagnando di più. In parte è vero, ma solo in parte. Non c'è nulla di male nel possedere del denaro. L'importante è che non sia il denaro (o il desiderio di averne di più) a possedere te. L'amore eccessivo per il denaro non potrà mai essere soddisfatto, perché non ne avrai mai abbastanza e ne desidererai sempre di più. Ci siamo tanto impegnati per liberarci dalle catene che ci tengono prigionieri nella convinzione dei nostri limiti o, meglio, della nostra mente, che non ci possiamo permettere di diventare né di restare prigionieri del denaro e lasciar soffocare nuovamente i nostri pensieri, atteggiamenti e azioni.

Un altro problema legato al denaro è vivere al di sopra delle proprie possibilità. Ho visto persone fare debiti per avere uno stile di vita al di sopra delle proprie possibilità e questo, ovviamente, invece di renderle più felici, non ha fatto altro che aumentare il livello di stress, sbilanciare il rapporto con i propri obiettivi, far confondere nuovamente gli obiettivi finali con quelli strumentali e, di conseguenza, togliere ogni singolo granello di soddisfazione e di felicità. Non possiamo permetterci di tralasciare un discorso così importante e rischiare di far crollare, in un secondo, tutto il lavoro svolto finora.

Ecco perché questo argomento entra a far parte di quella che abbiamo chiamato "personalisciplina". Semplificare il rapporto con il denaro richiede decisione e disciplina. È sicuramente un percorso che vale la pena di intraprendere se vogliamo semplificare il rapporto con la vita in generale.

Iniziamo con la parte pratica relativa alla gestione del denaro. Visto che parliamo anche del settore del network marketing, ti sarai sentito dire spesso che devi programmare bene le tue entrate e le tue uscite per controllare se stai procedendo nel modo giusto e se il tuo metodo di lavoro rende, ma anche per tenere costantemente sotto controllo il tuo budget. Questa abitudine, però, non è così facile da mantenere. Quante volte hai iniziato a tenere il conto e poi hai abbandonato tutti i buoni propositi dopo pochi giorni? Non tutti hanno il grado di disciplina che un'attività di questo tipo richiede.

Per venirti in aiuto e indirizzarti verso questo punto della "personalisciplina", ti propongo di cambiare prospettiva. Perché invece di pianificare il modo per accantonare denaro e andare in positivo, non provi a organizzare il modo in cui lo spendi? Doversi preoccupare anche per gli eventuali debiti e per il fatto che non sei capace di gestire le tue finanze potrebbe non essere la soluzione migliore. Potrebbe anzi causarti più stress. Cambiare prospettiva e concentrarsi sul "piano spese", invece che sul "piano risparmi", potrebbe rivelarsi particolarmente salutare ed efficace. Richiederà un certo sforzo, ma non sarà difficile.

Ti propongo tre azioni:
1. *Determina il guadagno mensile.* Ricordati di calcolarlo al netto delle tasse e, se variabile da un mese all'altro, fai la media.

2. *Elenca i costi fissi.* A seconda della tua situazione, potranno comprendere mutuo o affitto, spese per auto, bollette, assicurazione, telefono, internet e tutto ciò che dovrai affrontare tutti i mesi, volente o nolente.

3. *Distribuisci quello che rimane.* Il tuo guadagno mensile (guadagno mensile meno costi fissi), ti dirà esattamente quale somma puoi spendere a tua discrezione.

Questo piano ti aiuta innanzitutto a capire che alcune spese possono essere eliminate perché in realtà non sono costi fissi e quindi non sono necessarie. Iniziare a inquadrare quanto puoi spendere ogni mese ti dà una visione realistica e salutare della tua situazione finanziaria. Se ti rimane poco denaro da spendere, inizia a riflettere su come potresti abbassare i costi fissi.

Il piano spesa ti aiuta a capire quali sono le tue necessità e quello che desideri. Può farti capire che ami di più viaggiare per la tua attività che guardare la Tv satellitare, quindi puoi rinunciare all'abbonamento oppure togliere alcune opzioni aggiuntive. Questo piano non ti richiede di controllare meticolosamente quello che spendi quotidianamente, ma ti permette di concentrarti su quanto effettivamente hai a disposizione. Questo ti consente di spendere consapevolmente, perché sai qual è il tuo reale budget. Il tutto aiuta a evitare di spendere come avessimo già di più.

L'altro aspetto del desiderare di averne di più è più delicato perché rende perennemente insoddisfatti e infelici. E si collega al concetto di felicità e degli obiettivi trattati precedentemente, quando insistevo sul non confondere gli obiettivi finali con il denaro e il successo. Il denaro ha valore solo se ti permette di scegliere come spenderlo, altrimenti diventa una prigione. È inutile raggiungere degli obiettivi se non sei mai contento di niente e provi solo sensazioni di scarsità invece di provare soddisfazione. Vivere nella scarsità, inoltre, non fa altro che attirare cose simili e generare infelicità. E allora la nostra vita in cosa consiste? Inizi a capirmi meglio adesso? Per cosa ci facciamo mille progetti se poi non facciamo altro che entrare in una ruota del criceto un po' più grande?

Lo stress e l'ansia sono causati da un rapporto malato con i soldi ma, se riesci ad avere una maggiore consapevolezza di ciò che desideri, di ciò di cui hai veramente bisogno, la tua vita sarà più appagante e potrai liberarti dalle emozioni negative legate al denaro e non solo. Pensare di migliorare la tua situazione economica non è sbagliato, ma va fatto senza rimanere chiusi in un circolo vizioso in cui se raggiungi il livello economico che desideravi si innesca il desiderio cieco di volere di più. Tutto questo, infatti, non farà altro che aumentare il tuo disagio e, mentre cercherai di guadagnare di più pensando che ti renderà più felice, non farai altro che renderti la vita più difficile.

Il tuo concetto di vita piena e appagante sotto il profilo economico è sicuramente diverso da quello di altre persone che ti stanno accanto. È necessario che tu definisca qual è il tuo personale concetto di "benessere" da questo punto di vista. Una volta raggiunto il livello del tuo personale benessere finanziario, fatto di cose di cui hai veramente bisogno e che desideravi, capirai che da lì in poi nessuna somma di denaro potrà mutare o disturbare ciò che sei o ciò che vuoi.

Ecco perché gli obiettivi sono ben divisi in due categorie. Ovviamente gli obiettivi strumentali saranno quelli che ti aiuteranno a raggiungere il benessere economico che hai stabilito essere quello adatto a te. E con questo mezzo finirai per raggiungere gli obiettivi finali. Naturalmente il percorso verso il benessere economico non è un'accelerazione da zero a cento in pochi secondi, è piuttosto un percorso a tappe, come qualsiasi altro tipo di obiettivo strumentale.

Prova a pensare di dover raggiungere obiettivi intermedi per poter "salire di categoria", proprio come succede nello sport. Quando si inizia a praticare uno sport, si parte dal livello dei principianti e, man mano che ci si allena sempre di più, e quindi si migliora, si sale di categoria. Il network marketing ha gli stessi criteri. All'inizio sei un principiante con poche nozioni, poi man mano che acquisisci delle abilità e delle competenze – a patto che ti applichi senza sosta – diventi sempre più bravo, fino a raggiungere la prima qualifica, poi la successiva e così via.

Per qualsiasi area della tua vita devi capire da quale categoria stai partendo, cercando di inquadrare dove ti trovi oggi: se per esempio parlassimo di calcio, devi capire dove ti trovi, se fra i dilettanti, in serie C, B o A. Poi fai il piano di azione e lo applichi integrandolo con la "personalisciplina". Se vuoi, fai la tua analisi per valutare le tue finanze, la tua casa, il tuo lavoro. Potresti avere la sorpresa di scoprirti già ricco e benestante per alcune cose e povero e stressato per altre. A questo punto dovrai fare, oltre a un'azione di vera alchimia di trasformazione personale, anche un piano a step per ripristinare quegli aspetti della tua vita che ancora non sono in ordine. A questo punto della lettura, avrai capito in che momento della tua vita ti trovi e dove tendenzialmente vorresti arrivare.

Prima di iniziare a lavorare per raggiungere i tuoi obiettivi, vorrei introdurti un altro concetto singolare: il *decluttering*. Significa "liberarsi dalle cose inutili". Non solo sul piano fisico, ma soprattutto su quello emotivo. *Clutter* è un termine inglese che indica le cose che ingombrano, il disordine e, in un certo senso, le cose da buttar via. Ormai sarai abituato a sentire e a capire che ci sono delle leggi che, anche se a noi sconosciute e apparentemente stupide, funzionano comunque.

Il *decluttering* è una di queste e ti serve a sbarazzarti delle cose inutili in ogni ambiente (fisico, mentale ed emotivo), ad avere un'idea più chiara di come vivi le relazioni, a perdonare te stesso e gli altri, a dimostrare che hai imparato la lezione del passato e che sei pronto ad andare avanti. L'energia che liberi quando ti sbarazzi del superfluo fa in modo che nella tua esistenza si manifestino cose meravigliose. Non te ne rendi conto, ma tutta l'energia che spendi circondandoti di cose e pensieri inutili e dannosi non fa altro che bloccare il successo e l'abbondanza (anche se un po' lo avevi già capito dai capitoli precedenti).

Il *decluttering*, fisico ed emotivo, ti aiuta a costruire le fondamenta della tua vita, ed è per questo che è il primo passo verso il benessere, anche economico. Eliminare gli oggetti inutili, quelli che riportano alla tua mente ricordi spiacevoli o che ti legano eccessivamente al passato, eliminare le credenze limitanti fa parte del *decluttering*. E fare la lista nomi più esaustiva possibile fa parte del *decluttering*. Includi nella tua lista tutti i tuoi contatti, quelli che reputi buoni e quelli che reputi non buoni, compresi quelli che detesti e che hanno detto che non faranno mai network o quelli incontrati sui social e perfettamente sconosciuti.

Non vuol dire che li dovrai contattare tutti, ma che stai facendo *decluttering*. Liberi la mente e crei spazio per i nuovi contatti che ti arriveranno come conseguenza (nel nostro caso) o, parlando del *decluttering* in generale, per le nuove cose che entrano nella tua vita. Liberarti dalle zavorre materiali e mentali ti renderà più leggero e ti permetterà di raggiungere la predisposizione necessaria ad accogliere nella tua vita il nuovo e di avvicinarti sempre di più alla tanto agognata "serie A".

Il modo in cui conduci la tua vita ha un grande impatto sulla tua capacità di attirare l'abbondanza. Se ogni giorno c'è qualcosa che ti infastidisce o convivi con un'enorme quantità di disordine mentale ed emotivo, non riuscirai mai a raggiungere la tua vita ideale. Questo accade perché spendi le tue energie in modo inutile. Poi non sorprenderti se finisci per convincerti che non hai tempo, che non hai soldi, che non è mai il momento di decidere di cambiare la tua vita. Capisci perché ogni passaggio che abbiamo visto e imparato fin qui ha la sua importanza?

È tutto collegato. Nulla è separato, anche se noi possediamo soltanto il concetto di separazione. Questo spreco di energia ti convince di non meritare più di quello che hai. Purtroppo sono dei meccanismi subdoli, ma adesso che stiamo varcando la soglia dell'ignoranza nel senso di informazione, ci rimane solo la decisione di prendere provvedimenti. Se dici di volere più denaro, una vita migliore, devi anche darti da fare perché questo si avveri, riuscendo ad avere uno stile di vita in linea con i tuoi desideri. E se poi vuoi liberarti dallo stress, devi lavorare su tutto ciò che lo causa: oggetti, persone, clienti, debiti, attività che non ti piacciono ecc. Inoltre, decidere ciò che si vuole, aggiornare i sistemi di vita, e fare un piano d'azione aiutano sempre a togliere lo stress.

Il *decluttering* ti aiuta a liberare spazio per energie nuove, per fare in modo che qualcosa cambi nella tua vita e che si prospettino nuove opportunità. Quindi adesso ti sarà più chiaro perché, se il tuo problema è il denaro, è importante lavorare sul *decluttering*. Perché, lo abbiamo detto, se vuoi cambiare la tua vita in meglio, se desideri aumentare il tuo benessere (anche economico), devi prima fare spazio affinché il nuovo possa entrare nella tua vita e renderti più felice e appagato.

Pensi che sia faticoso sbarazzarti delle tue cose? Prendi in mano ogni singolo oggetto e prova a pensare a te stesso quando finalmente avrai raggiunto il livello di benessere che sogni.

Visualizzati. Hai con te quell'oggetto? Stai indossando quella maglietta? Se la risposta è no, allora sai cosa devi fare... Il *decluttering* emotivo è quello più importante per la tua vita, quello che ti permette di attirare l'abbondanza. Quando le cose sono chiare nella tua mente, il resto viene da sé. Saprai già, come per magia, come fare per raggiungere quello che desideri e, se ricordi la parte in cui parlavo della felicità, sembrerai baciato della fortuna. Devi solo superare la paura e la tua naturale resistenza al cambiamento. E se hai ancora delle difficoltà, torna a lavorare sulle tue credenze più profonde e sul modo di eliminarle.

Sembra strano parlare di *decluttering* emotivo, ma per liberarsi dai rapporti affettivi o dalle emozioni dannose si devono applicare le stesse regole che si applicano a vestiti, mobili vecchi, Cd e tanto altro. Tutti siamo influenzati dalle persone di cui ci circondiamo. Per condurre una vita felice devi accompagnarti a chi ti porta gioia, ti sostiene e ti fa sentire bene. Quando stai cercando di attrarre l'abbondanza nella tua vita, devi circondarti di persone che siano generose, aperte al cambiamento e che abbiano un'energia positiva.

Per sbarazzarti delle tue zavorre emotive, devi liberarti dalle paure e perdonare te stesso per gli sbagli che puoi aver commesso. Se continui a pensarci, non farai altro che dare il permesso alle emozioni negative di condurre la tua vita: una pessima scelta, se vuoi attrarre abbondanza e benessere. Liberati dalla frustrazione, vivi nel presente e non nel passato. Ognuno ha il suo disordine emotivo, è naturale. L'importante è riconoscerlo e ridurlo il più possibile, in modo che non ti impedisca di vedere e cogliere le opportunità che hai proprio di fronte a te. Quando riuscirai ad abbandonare il bagaglio di dolore che ti porti dentro, sarà possibile una grande trasformazione.

In questo momento sai già molto di più rispetto a prima di iniziare questa lettura. Hai capito che le nostre azioni sono guidate inconsciamente dai nostri condizionamenti più profondi. Hai capito anche come funzionano le cose a livello vibrazionale. Prova ad andare indietro nella tua vita e a riportare a galla le convinzioni sul denaro che derivano dalla tua famiglia, da vecchie relazioni, dai tuoi precedenti lavori e capi. Ogni ricordo legato al denaro è importante, perché in questo momento è chiaro che la tua vita si basa su quei ricordi e sulle convinzioni a essi legate.

Prova a ricordare l'atteggiamento che i tuoi genitori hanno nei confronti dei soldi, o qualcosa che ti è stata detta sul denaro, o semplicemente qualche evento vissuto con il tuo partner. Qualsiasi pensiero legato al denaro che riesci ricordare è importante, perché la tua mente ci torna sempre su e influenza le tue scelte.

Quando pensi a quanto guadagni ogni mese (e magari anche quando provi a immaginare il tuo futuro potenziale guadagno), scateni dentro di te una serie di emozioni che rimandano alla tua educazione, a quello che ti è stato insegnato o che hai percepito circa il denaro. A volte i tuoi ricordi sono pessimi e quindi riversi queste energie negative sull'idea di migliorare il tuo benessere economico, innescando un processo inconscio che ormai conosci e che ti tiene lontano dall'obiettivo di guadagno che ti sei prefissato.

Con le tue paure (le invidie altrui o qualsiasi altro ricordo negativo legato al denaro) non fai altro che creare ostacoli alla possibilità di guadagnare di più. Siamo esseri profondamente creativi e l'immaginazione purtroppo qualche volta rema contro di noi. Invece di utilizzarla per migliorare e dare un'accelerata alla corsa verso il benessere, capita che si attivino dei veri e propri sabotaggi dovuti a un'idea sbagliata del denaro che si è radicata dentro di noi.

E così succede non solo per il denaro, ma per tutte le situazioni della nostra vita. Tutte le volte che riesci a cacciare via quei ricordi e quei pensieri negativi, aumenti la tua consapevolezza. Più aumenti la consapevolezza, più diventi osservatore. Più osservi, più indebolisci i pensieri negativi e ti apri all'abbondanza e alla possibilità di guadagnare di più (in questo caso), di vivere in una condizione di maggiore benessere economico e non solo.

Diventare consapevole delle tue paure, portare alla luce i tuoi pensieri negativi sul denaro e su tutte le altre cose o sulla prospettiva di un benessere maggiore, significa iniziare a *cambiare*. Da lì, proseguire con l'implementare le credenze potenzianti e continuare a coltivare ogni singola forma di crescita personale vera non sarà altro che un evolversi nel nuovo processo di cambiamento.

C'è una cosa che devi sapere: nessuno ti può impedire di raggiungere i tuoi obiettivi. Il tuo più grande ostacolo verso il denaro e tutte le cose che vuoi ottenere nella vita, sei proprio *tu*. Siamo spesso pronti a dare la colpa a chi ci sta vicino. Chi ti sta accanto ha i suoi blocchi su cui lavorare. Tu puoi solo lavorare sui tuoi. Anzi, puoi comunicare al tuo partner il percorso che intendi fare e renderlo partecipe. Così migliorerà anche la tua relazione. Ovviamente senza obbligarlo e senza imporgli i tuoi tempi. Ognuno ha i suoi ritmi. E puoi iniziare tranquillamente da solo, all'inizio.

Fino a questo momento ho evitato il discorso *perdono* perché non ti avevo ancora dato tutta una serie di informazioni. L'ho fatto perché tu non fraintendessi, anche perché nella nostra "ignoranza" (e mi ci metto dentro) non abbiamo mai capito cosa si intende con questa parola. Adesso che abbiamo parlato di energie, vibrazioni, condizionamenti, crescita in generale, *decluttering* e tanto altro, forse posso sfiorare questo argomento tanto delicato.

Solo il pensiero di perdonare qualcuno che ti ha fatto un grosso torto ti fa venire un nodo allo stomaco, vero? So bene cosa stai sentendo. E magari stai pensando che sarebbe meglio non leggermi. Ti chiedo soltanto solo un attimo in più di pazienza. Cosa ti costa, visto che sei arrivato fino qui? Nella mia provincia dicono: «Dove ce ne stanno 30, ce ne stanno anche 31».

Il concetto del perdono è più semplice di quanto pensi. E immagino che, dopo aver mosso i primi passi in questa nuova consapevolezza, inizi a intuire che anche questo aspetto ha a che fare con lo sperimentare l'abbondanza e la felicità. Quando parliamo di perdono, parliamo del fatto che a livello intimo e profondo custodisci e tieni attaccato a te una serie di pensieri ed emozioni negativi. Se ricordi, il pensiero legato a un'emozione forte crea una credenza che va a sedimentarsi nel profondo del tuo inconscio.

Non è questione di fare i "santi" e dare la benedizione al mondo, che poi per giunta ti sta facendo dei dispetti. La persona che ti sta mancando di rispetto o l'evento che ti ha provocato un dispiacere li devi dapprima valutare e poi agire in tua difesa, tutelando i tuoi diritti. Perdonare non significa diventare stupidi e farsi calpestare la dignità o, peggio, l'identità. Significa che, una volta che hai fatto ciò che dovevi fare, devi iniziare a osservare per diventare sempre più consapevole di quello che ti sta succedendo a livello di stato d'animo. Come ti senti, cosa pensi e cosa percepisci di preciso?

Con la consapevolezza, poi, riuscirai progressivamente ad applicare il *decluttering* anche a questo tipo di aspetti negativi. Ti alleggerirà dalle cose pesanti che ti rendono tanto sofferente e ti aiuterà a continuare a lavorare su te stesso. Ecco perché avrai sentito persino in chiesa la parola perdono. Solo che nessuno lo ha mai spiegato (o in pochi, a noi ancora oggi sconosciuti) in termini comprensibili alla mappa mentale della maggior parte di noi. Senza perdonare (e quindi lasciar andare quelle emozioni negative) continuerai a sabotarti e non sarai in grado di credere fermamente al fatto che meriti tutto quello che desideri.

Non si tratta di fingere di perdonare per far vedere agli altri che lo si è fatto. Al contrario, se perdoni dopo aver capito come funzionano le cose, lo fai per te, perché hai deciso di cambiare e per questo hai bisogno di eliminare gli ostacoli.

Con la speranza di essere riuscita a portarti, sul piano logico-razionale, a un livello di comprensione di questo concetto, se vuoi puoi esercitarti con un piccolo esercizio che voglio suggerirti. Apparentemente sembra incomprensibile, ma non ora che sai così tanto e che ti sei abituato alle cose incomprensibili. Questo esercizio ti sarà utile per riuscire ad abbandonare i ricordi "tossici", che non hanno nessun senso di esistere perché ti allontanano dalla tua vita ideale e dall'abbondanza.

Prendi un foglio e una penna e inizia stilare tutti i tuoi ricordi non positivi legati al denaro e, se vuoi, anche legati ad altri aspetti della tua vita. Leggine uno alla volta e ripeti per ciascuno questo mantra: «Ti perdono, mi dispiace, ti voglio bene». Prenditi del tempo per farlo, non devi essere interrotto. È una cosa semplice ma molto potente, che funziona. Una volta che hai recitato il mantra, puoi passare a un altro ricordo e compiere lo stesso rituale.

In questo esercizio non c'è nulla di mistico. Si tratta solo di lasciare andare quello che è negativo per la tua vita e che in nessun modo ti aiuta ad avvicinarti alla tua esistenza ideale. Dopo che lo avrai fatto, ti sentirai più leggero. Il perdono e l'amore sono due forze molto potenti. Immagina cosa potrebbe accadere se le applicassi al denaro. Il bello di questo esercizio relativo al perdono è che non deve coinvolgere la persona legata al tuo ricordo (sul denaro o altro). Questo esercizio è solo per te. I vecchi ricordi e i risentimenti possono letteralmente uccidere la tua gioia di vivere, influenzare la tua esistenza e le tue relazioni, possono addirittura farti ammalare. Perciò è importantissimo lasciarli andare.

Se ti domandi come mai non sei ancora riuscito a far manifestare l'abbondanza e il benessere nella tua vita, la prima cosa da fare è riprendere in mano la tua lista di cose da "declutterare" e da perdonare e domandarti se c'è ancora qualcosa da sistemare. E fra le cose da sistemare vorrei richiamare la tua attenzione anche su un altro discorso, anch'esso delicato: *donare*. Ritengo che in questo momento tu sia già preparato ad affrontare anche questo tipo di tematica.

Abbiamo spiegato prima che impegnarsi a imparare e a perdonare serve innanzitutto a te. Lo stesso vale per il discorso donare. Non potevo chiudere, senza andare fino in fondo e toccare anche questo argomento. Ti ho già spiegato che le principali cause dello stress legate al denaro sono desiderare di averne di più e spendere come se ne avessimo di più. Oltre ad affrontare la seconda questione con il lavoro sul piano spese e sulla prospettiva (che abbiamo già fatto), adesso ci occuperemo del primo problema che causa ansia e stress nella tua vita.

Il pensiero di avere più denaro di quello che hai non deve diventare un'ossessione, perché altrimenti non te ne libererai mai, anche se dovessi davvero riuscire a guadagnare di più. Una volta raggiunto il traguardo, infatti, desidererai arrivare ancora più in là. È un concetto simile a quello della felicità, dove rincorrere sempre il traguardo futuro non ti fa godere nulla di quello che stai vivendo. In parole povere, oltre che subire stress e ansia, saresti anche perennemente infelice.

L'antidoto al desiderio di denaro è la generosità. Questa frase può sembrare una contraddizione: come faccio ad avere più denaro se divento più generoso? Nonostante il pensiero per le bollette non pagate o il desiderio di una vita più agiata, sappi che essere generosi non ti metterà nei guai e non diminuirà il tuo guadagno mensile. Donare vuol dire di più del semplice donare denaro. Si può trattare anche di gesti, come donare affetto, apprezzamento, gioia, rispetto, attenzione.

Fatto sta che è dimostrato che le persone generose in generale si sentono meglio, sono soddisfatte e felici e costruiscono relazioni più solide. Gli stessi studi hanno dimostrato che la generosità migliora persino la salute fisica. Donare agli altri è un bene per chi riceve, perché aiuti qualcuno a migliorare la propria vita, ed è un bene per te, perché fai fluire l'energia in entrambe le direzioni: del dare e dell'avere. Serve sempre bipolarità.

Quello che sfugge alla maggior parte delle persone è lo stretto legame tra autosoddisfazione e soddisfazione altrui. È il soddisfare e aiutare gli altri a ottenere ciò che vogliono che aiuta il singolo a ottenere i benefici massimi. Soddisfare i bisogni della tua down line dandole il giusto supporto e le soluzioni ai problemi saranno i motivi che genereranno il tuo successo. Se sei diventato ostaggio della società che ti spinge ad avere sempre di più, inoculandoti l'idea di voler ottenere sempre di più di quello che hai, la generosità ti aiuta a cambiare questi pensieri e a rimuovere la necessità di avere di più.

Se senti anche solo un po' di avere questo tipo di idee in questo momento, ti renderai conto anche che la maggior parte del tuo tempo la spendi per cercare di guadagnare sempre di più, ma allo stesso tempo sei preoccupato dal rischio di avere di meno. E non invano ti ho parlato precedentemente di come evitare di vivere nella scarsità. Tutte le cose spiegate fin qui sono collegate. Alcune volte possono esserci effettive difficoltà finanziarie, altre invece sono solo pensieri di eccessiva preoccupazione per il denaro senza che in realtà siano collegati a cose veramente indispensabili.

Indipendentemente dalla situazione, devi preoccuparti di rimuovere il più possibile tutto quello che ti appesantisce e ti ostacola. La generosità ti aiuta a cambiare questi pensieri e a rimuovere la necessità di avere di più. Ricordare di fermarti a valutare quello che hai adesso e non quello che avrai in futuro, ti aiuta a ottenere la consapevolezza che, se le tue necessità base sono soddisfatte, hai già a sufficienza. Ti rivela quanto sei fortunato. Questa consapevolezza ti mostra quanto hai da dare agli altri e come puoi farlo.

Liberarti dall'ossessione del denaro e vivere una vita più semplice e generosa non significa che non puoi migliorare la tua situazione e magari guadagnare di più. Pensare di migliorare la tua situazione economica non è sbagliato, ma va fatto, come ho già detto, senza rimanere chiusi nel circolo vizioso del raggiungere il livello economico che si desidera e subito volere di più, senza una reale motivazione o necessità alla base.

Infine, ricordati che le persone più ricche (non solo in termini economici) hanno identificato uno scopo preciso per la loro vita. Trovare e avere uno scopo che ti fa sentire bene, ti permette di connetterti con qualcosa di più grande del tuo ego, ti aiuta a capire cosa vale veramente e ti ispira. Senza uno scopo puoi essere ricco quanto vuoi, ma sentirai sempre di non essere arrivato.

Personalisciplina

A questo punto avrai capito che l'unico artefice della tua vita puoi essere esclusivamente tu. Dopo aver capito come funzioniamo, avrai anche compreso che c'è la possibilità di uscire dal circolo vizioso dell'inerzia e della ricerca di una vita illusoria fatta di scelte e stereotipi che non sono tuoi. Con questa nuova consapevolezza è giunta l'ora di far diventare parte integrante della tua vita la "personalisciplina".

Naturalmente all'inizio ti scontrerai con un certo tipo di resistenza, e nessuno sa meglio di me quanto sia difficile domare il razionale. Non è un nostro nemico, perché non vuole altro che tenerci al sicuro, come ti spiegavo nei capitoli precedenti, però ci fa restare nella cosiddetta zona di comfort, che è tutt'altro che comfort. Non fa altro che tenerci ancorati ai vecchi modelli di realtà e farci "vivere" una vita ordinaria.

Si parte dalla volontà, per poi incrementarla con la coerenza e la costanza. Mi dirai che è proprio la costanza ciò che ti manca quasi sempre; parti con dei buoni propositi e poi finisci per abbandonare il tutto perché non hai tempo, non hai soldi e tutte quelle che adesso possiamo definire le solite scuse del razionale. Il percorso che ti ho proposto ti aiuta a rendere il conscio e il subconscio tuoi amici. Se temi di non riuscire a essere costante, lascia che ti spieghi una cosa. È scientificamente dimostrato che il cervello processa 40 milioni di bit al secondo di informazioni di cui, a livello razionale, soltanto 40 bit al secondo. Questo è il limite del nostro razionale.

Tuttavia, vengono processate tutte le informazioni per 40 milioni di bit con l'aiuto dell'inconscio. Anche se non ce ne accorgiamo, i comandi per respirare, per far battere il cuore, per far circolare il sangue, per digerire, per contrarre i muscoli e così via li eseguiamo ugualmente. Probabilmente, se non hai costanza, è perché sicuramente si trova nei trentanove milioni e passa di dati non consci. E non è più un problema, perché adesso abbiamo gli strumenti per eliminare questo limite.

Dimostrato che tutti posseggono il massimo potenziale per farcela, sta solo a noi decidere di inserire nella nostra vita la "personalisciplina". Innanzitutto abbiamo detto che adesso, nel momento in cui stai facendo l'autoanalisi, sei fatto come sei fatto: con schemi e modelli di vita obsoleti, con pensieri negativi e positivi, con una serie di pregi e freni allo stesso tempo. Ecco perché abbiamo fatto tutto questo percorso. Per iniziare ad accedere a un vero processo di alchimia personale che include la "personalisciplina", che poi diventerà parte integrante della tua personalità. Ricapitoliamo dunque come si forma la "personalisciplina".

A. Legge dell'Eliminazione

Parliamo di eliminazione dei condizionamenti e dei pensieri negativi. I condizionamenti, come abbiamo visto, sono di due tipi: inconsci e consci. Per i condizionamenti inconsci abbiamo visto l'importanza dell'esercizio della gratitudine e dell'esercizio dell'amore per sé.

L'esercizio della gratitudine

L'elenco dei benefici scientificamente dimostrati sulla pratica della gratitudine sono:

• Più energia.

- Maggiore propensione al perdono.
- Meno depressione.
- Meno inquietudine.
- Sensazione di avere legami sociali più solidi.
- Miglioramento della qualità del sonno.
- Diminuzione del mal di testa.

Alcuni studi hanno dimostrato come le persone che si limitavano semplicemente ad annotare cinque cose della settimana precedente per cui erano grate mostravano una differenza del 25% in più in termine di livello di felicità rispetto a chi ne scriveva di negative; tali soggetti facevano inoltre più attività fisica e sostenevano di sentirsi più sani.

Per rendere quotidiana l'esperienza della gratitudine, fai attenzione a cambiare prospettiva. Quasi tutti noi, come dicevamo nella parte terza, siamo abituati a guardare dove ci troviamo adesso e dove vorremmo essere. Inseguire la successiva idea all'orizzonte, oltre che renderci infelici, non avrà mai fine. Proprio come accade con il vero orizzonte, non lo raggiungeremo mai.

Nei momenti più difficili, invece, devi guardare indietro e vedere quanta strada hai fatto, quanto hai imparato e il sostegno che hai ricevuto lungo il cammino fino a quel momento. Steve Jobs diceva in proposito: «Non potete sperare di unire i puntini guardando avanti, potete farlo solo guardandovi alle spalle: dovete quindi avere fiducia che, nel futuro, i puntini che adesso vi paiono senza senso possano in qualche modo unirsi».

Per alcuni sarà difficile esprimere gratitudine per quanto li circonda. Troppi di noi sono scivolati in un modo di vivere privo di gratitudine, perciò è ancora più importante superare il disagio. Tanti lo faranno in modo meccanico o andranno a elencare le cose per le quali dovrebbero essere grati. E anche lì, vediamo di identificare la credenza che ci blocca.

Per evitare queste insidie, ti suggerisco di concentrarti sulle sensazioni: ottimismo, conforto, felicità, allegria, amore... Per ciascuna di esse, concediti cinque/dieci secondi per lasciarti pervadere dalle sensazioni (evocate dal figlio che ti ha abbracciato o che ti detto "ti voglio bene", dal piatto che hai messo in tavola, dal fatto che riesci a sentire, a vedere ecc.).

Fai questo esercizio al mattino appena sveglio e alla sera prima di dormire. Prova anche, se vuoi, a condividerlo con gli altri. Ascoltare ciò per cui gli altri sono grati può ispirarti a trovare più gratitudine nella tua vita. La gratitudine è in grado di scatenare energie potenti e di aiutarti ad avvicinarti sempre di più al tuo obiettivo di una vita di "serie A". Esercitare quotidianamente la tua gratitudine per ciò che di piccolo o grande accade nella tua esistenza ti allena ad accogliere il buono e il bello nella tua vita. Se non sei grato per quel poco che hai e che ricevi ogni giorno, non sarai mai in grado di attirare cose buone nella tua vita.

Come suggerimento supplementare, ti posso indicare di tenere un diario della gratitudine. È uno strumento molto potente per abituarti ad attrare ciò che desideri. Prendi un quaderno e, a fine giornata, segna almeno cinque cose che ti hanno regalato un sorriso o dato sollievo. I piccoli momenti felici per cui esprimi gratitudine vanno a costituire la tua riserva e segnarli ogni giorno ti aiuta a vederli, a riconoscerli, a fissarli nella tua anima. Questo rafforza l'idea che sei meritevole di tutto ciò che di bello ti può accadere.

Spesso a causa di come sei stato educato, ti ritrovi a pensare che alcune cose non siano alla tua portata, che non te le possa permettere. E questa tua incapacità di pensare che meriti tutto quello che desideri e che di bello ti può riservare il futuro influenza tutta la tua vita e blocca la capacità che le cose avvengano e che l'abbondanza arrivi fino a te.

L'esercizio dell'amore per sé
Sempre per i condizionamenti inconsci, abbiamo imparato che l'esercizio dell'amore per sé, assieme a quello della gratitudine, vanno a ridurre, fino a eliminarla, una serie di condizionamenti e di problematiche di cui non siamo, appunto, consci. Integra l'esercizio della gratitudine con quello dell'amore per sé che ti proponevo nello stesso capitolo.

Ama te stesso e accetta quello che sei. Se ti accetti per come sei, identifichi quanta felicità, successo e amore pensi di meritare. Smettila di pensare che "alle persone come te non succedono mai cose belle". Se impari ad amarti, imparerai anche a notare, accettare e apprezzare tutto quello che di bello arriverà nella tua vita. Smetti di pensare che non meriti nulla di bello e di buono.

180

Elimina le credenze con le parole quantiche.

A questo punto si può già lavorare sulla convinzione di non essere costante. Non ti rimane che applicare l'esercizio dell'eliminazione delle credenze limitanti e infine lavorare con i pensieri negativi. Immaginiamo che i pensieri negativi siano delle palline nere nel contenitore della nostra mente.

Come possiamo eliminarli? Accorgendoci di averli. Ovviamente se un pensiero negativo è ancorato a una forte emozione sarà molto tenace nel presentarsi e ripresentarsi di continuo a livello razionale. C'è un modo, però, di farlo diminuire di potenza fino a farlo anche scomparire: osservarlo. Ogni volta che torna un pensiero brutto e ricorrente, inizia a concentrarti sul fatto che stai pensando di nuovo a quello.

È come illuminare quella pallina. È come accendere la luce in una stanza buia per vedere se c'è un intruso. Se accendi la luce, l'intruso non può più fare le cose di nascosto, perché lo stai vedendo. Quindi si ferma e non fa più danni. La pallina non è più nera, ma illuminata. Diventerà ogni volta un po' meno nera. Tutte le volte che lo osserverai, quel brutto pensiero perderà forza.

Ricordiamoci però che noi abbiamo anche pensieri positivi. Magari è difficile eliminare del tutto i pensieri negativi, ma li possiamo indebolire illuminandoli, oppure incrementando e rinforzando i pensieri positivi con l'aiuto della prossima legge.

B. Legge dell'Inserzione
Utilizzando gli strumenti che vado a elencare un'altra volta, riuscirai a rendere operativa la *Legge dell'Inserzione*.

Nuovi sistemi di vita.
Adesso abbiamo imparato e siamo in grado di aggiornare i nostri sistemi di vita. Le persone straordinarie non si limitano ad avere modelli di vita straordinari, ma si impegnano ad assicurarsi che i loro sistemi di vita siano ben definiti, strutturati e costantemente ottimizzati, così come abbiamo imparato nella parte terza. La Legge dell'Inserzione presume anche l'inserire nuovi pensieri. Una volta fatta la pulizia dei tuoi condizionamenti, superate le tue paure e archiviate le tue scuse, devi passare al prossimo punto.

Riprogrammarsi sui pensieri positivi
Immaginali come delle "palline verdi" che vai a inserire

progressivamente nel contenitore della tua mente, dove ormai hai indebolito le "palline nere". È un modo per tenere le tue "vibrazioni energetiche" a un livello elevato, quello che ti permette di attrarre abbondanza e raggiungere i tuoi obiettivi di benessere. Non è sufficiente dirti "sii positivo", ma è necessario pensare a dei rinforzi, a dei *reminder* che periodicamente ti riportino sulla retta via.

I rinforzi non sono altro che sistemi per ricordarti i tuoi obiettivi durante la giornata. Nel tempo, questi piccoli *reminder* potranno avere un grosso impatto sulla tua vita e sul tuo piano per passare in "serie A". Si tratta davvero di piccole cose che possono però farti sentire di buon umore e farti sperimentare come potresti sentirti se raggiungessi i tuoi obiettivi. Ci sono tantissimi modi per migliorare delle piccole cose nella tua vita. Anche cambiare la suoneria della sveglia, sostituendola con una musica piacevole, può essere un gesto migliorativo. Puoi programmare una notifica sullo smartphone perché ogni giorno ti faccia arrivare un pensiero positivo, è sufficiente anche un "Oggi sarà una bellissima giornata".

183

Altri modi per sentirti bene, proprio come se avessi già raggiunto il tuo obiettivo di benessere, sono occuparti del tuo aspetto fisico, cambiare look, ascoltare podcast motivazionali o audiolibri interessanti mentre vai al lavoro ecc. Si tratta di piccole attività che hanno l'obiettivo di aggiungere positività alla tua vita e che possono fare la differenza. Spesso non ti tratti come un Vip, come se meritassi il meglio. E finisci con il pensare che sia proprio così. Introdurre più positività nella tua vita ti mette invece nella disposizione d'animo corretta per aprire le tue braccia e dire a te stesso che sei pronto a ricevere tutto quello che di bello la vita ti riserva.

Un altro piccolo gesto può essere cambiare la password sui tuoi dispositivi elettronici. Invece di mettere la tua data di nascita o il nome del tuo cane, puoi pensare a brevi frasi o parole motivazionali legate ai tuoi obiettivi. Il gesto di scriverle tutti i giorni, per più volte al giorno, ti permetterà di ricordare sempre i tuoi obiettivi e la direzione che vuoi che prenda la tua vita.

Circondati di persone e informazioni che nutrono la tua vita e che portano energia positiva. Smetti di seguire gli amici che utilizzano i social network solo per lamentarsi e smettila di lamentarti. Le lamentele hanno un costo troppo elevato: non ti daranno mai quello che vuoi, ma saranno solamente una zavorra che ti impedirà di ottenerlo. La lamentela non è una soluzione e non aggiunge valore alla tua vita, ma ti tiene ancorato al passato e ti impedisce di vivere nell'abbondanza.

Quando abbandoni le lamentele e fai pace con il passato, puoi vivere nel presente, la vita ricomincia a scorrere fluida, sei più aperto e attrai nuove possibilità. Non c'è davvero limite a quello che puoi fare per sentirti bene e per sperimentare il benessere di una vita più ricca e appagante. Questa lista di tante piccole cose la puoi incrementare anche con il prossimo punto.

La visualizzazione

La Legge dell'Inserzione comporta anche scegliere come vuoi sentirti e come vuoi vederti. E questo lo puoi fare integrando negli esercizi cinque minuti di visualizzazione. Ti puoi aiutare con della musica rilassante, oppure quella specifica per le pratiche spirituali. Comincia con il respirare consapevolmente e profondamente due o tre volte. Rilassati e poi inizia a visualizzarti nel tuo obiettivo finale. Per rendere efficace la visualizzazione, prova a utilizzare tutti e cinque i sensi e non solo la vista. Così sarà più vissuta, darà un impatto emotivo forte ed entrerà direttamente nel profondo del subconscio. Abbiamo detto che il subconscio non distingue la realtà dalla finzione, se no perché mai piangeresti davanti a un film che ti emoziona?

All'inizio avrai sicuramente difficoltà a rilassarti, oppure a visualizzare. Io stessa non mi ritenevo in grado di visualizzare. Sappi solo che l'occhio della mente è come un muscolo. È soltanto atrofizzato. A forza di usarlo, diventerà sempre più tonico e quindi riuscirai a immedesimarti al punto da impressionare persino te stesso, non solo il subconscio. Certe volte, quando riesco a calarmi di più nella parte, sto così bene che invece di 20 minuti ci rimango mezz'ora o più. Poi mi dirai con quanta energia e sensazione di benessere ti alzi da là.

Meditazione

Non richiede molto tempo. Un tempo, la prima cosa che facevo appena alzata era controllare lo smartphone. Adesso non lo faccio più. E già solo prendendomi questo tempo, viene immediatamente spazzata via quella falsa urgenza che portiamo nella nostra vita e che crea inutile stress. Se sei ancora convinto di non avere tempo, torna a lavorare un po' sulle tue credenze. A volte si può trattare di un semplice minuto per guardare la tua giornata, riempirti di gratitudine per le benedizioni della tua vita e stabilire le tue intenzioni per quel giorno.

Vedo tanta gente in crisi da carenza di tempo, ma se scrivo un post su Facebook non faccio in tempo a pubblicarlo che già mettono "mi piace". Come fai a dire che non hai tempo per te ma hai il tempo di guardare cosa fanno gli altri, oppure di dare il buongiorno e la buonanotte, o di mandare di continuo emoticon su WhatsApp? Dedica il tuo tempo alla tua vita. Ne vale la pena.

Come dimostrano vari studi, praticando la meditazione avrai solo effetti positivi su diversi aspetti della tua vita: dalla longevità, all'aumento di produttività, dalla felicità alla gentilezza. Preferisco tenere per me quei venti minuti per rilassarmi con la meditazione, pensare a come mi voglio sentire quel giorno e programmarmi mentalmente la giornata.

Perdonare

Nel tuo programma di trasformazione e cambiamento non dimenticare di inserire il perdono. Il perdono ti farà sentire subito in pace e ti insegnerà a volerti bene e ad accettarti. E ti farà andare avanti senza inutili zavorre. Dedica del tempo agli esercizi della gratitudine, dell'amore per sé e del perdono, anche perché non sempre devi perdonare gli altri, ma anche te stesso.

Puoi fare una lista delle cose per cui non ti sei mai perdonato. È un elenco molto importante, perché è sorprendente scoprire quanto e per quante cose sei addirittura in collera con te stesso! A volte uno stupido errore commesso vent'anni fa ha il potere di tenerti lontano dalla tua vita ideale, dal realizzare il tuo vero potenziale e dal raggiungere i tuoi obiettivi.

Torna indietro nel passato, e fai una lista delle cose che non ti sei mai perdonato e che ti creano questi sentimenti. Una volta stilata la lista, prendi una voce alla volta e ripeti il mantra: «Mi dispiace, ti perdono, ti voglio bene». Non ne siamo consapevoli, ma il perdono e l'empatia riprogrammano la mente.

Donare

Il Dalai Lama ha detto: «Per essere felici, rendete gli altri felici». Donare è la strada per farlo. Donare è la conseguenza naturale della gratitudine. La gratitudine ci riempie di sensazioni positive e di energia vitale e, quando ne siamo ricolmi, abbiamo la capacità di donare agli altri. Donare felicità è immensamente potente, solleva chi la dà e chi la riceve, ed è facile, perché la felicità è contagiosa. Può essere qualsiasi cosa: dal sorridere e augurare con slancio il buongiorno al fare gli auguri a una persona, dal fare uno sforzo in più per un progetto al mandare un messaggio di stima a un collega o a una down line.

Donare è un sistema potente per portare gioia nella nostra vita. Per ottenere dobbiamo dare, dare, dare. Invece il modo più sbagliato, e purtroppo tipico, per ottenere è chiedere, pretendere, inseguire. Le cose vengono da sole se ci proiettiamo mentalmente nella giusta direzione: dare prima di ricevere. Dal mio punto di vista la gentilezza e la generosità sono le uniche monete che contano al modo e che possono essere trasmesse da un essere umano a un altro.

E ricordati che, esattamente come il perdono, se doni lo fai innanzitutto per te. Tutti i gesti apparentemente piccoli che farai, ti aiuteranno a essere più felice. Infatti, anche se non lo vedi, creerai delle minuscole "onde" che, moltiplicandosi, contribuiranno a rendere questo mondo un posto più buono e più bello, diventando così il co-creatore della realtà che ti circonda.

Calibrare la felicità

Solo praticandola, la gratitudine aiuta ad avere un incremento massiccio di felicità. Con la felicità si tratta invece di ottimizzare i sistemi di vita. Si può innalzare il livello di felicità, quella duratura, utilizzando tutti gli strumenti elencati prima. Questo ti farà provare livelli maggiori di felicità ogni giorno che passa e a prescindere da ciò che accade intorno a te.

Tutte le menti oggi considerate straordinarie sono riuscite a capire che la felicità viene da dentro. Infatti si basano sulla felicità nel presente usandola come carburante per alimentare tutte le altre visioni e intenzioni per sé e per il mondo. Quando sei davvero in pace con te stesso e in contatto con il tuo io, diventi intoccabile. Nulla di quanto qualcuno possa dire o fare ti disturba e non c'è negatività che ti possa toccare. Alla domanda «Com'è possibile essere felici vedendo ogni giorno sofferenza e tragedie?» il Dalai Lama rispose: «Ma chi puoi aiutare se sei infelice?»

Ecco allora il significato di questo libro. Permetterti di fare *downshifting*, che significa "scalare di una marcia". Questa parola oggi viene molto utilizzata per descrivere e identificare una nuova filosofia di vita, quella della semplicità. Si tratta in sostanza di abbandonare tutto ciò che nella tua vita risulta essere stressante e ricercare uno stile di vita più gratificante. Avere una vita più semplice significa rinunciare a qualcosa in favore di altro, ma senza che questo comporti un peggioramento della qualità della vita.

Infatti rinunciare a qualcosa non significa stare peggio, anzi, può rivelarsi il modo migliore per essere più felici, più leggeri e meno stressati. Chiaramente il segreto sta nel rinunciare a qualcosa la cui mancanza non ti faccia soffrire. Esiste qualcosa a cui puoi rinunciare per un certo periodo senza che questo ti causi sofferenza? Registra come ti senti lungo tutto il periodo di "rinuncia" e, se alla fine capirai che ciò a cui hai rinunciato era davvero superfluo, probabilmente ti sentirai più leggero e più felice.

È possibile semplificare la vita anche agendo su tutti quei processi che in qualche modo appesantiscono o fanno perdere tempo. Rifletti come renderli più semplici. E, se vorrai fare della "personalisciplina" la filosofia del tuo nuovo stille di vita, vorrà dire che avrai raggiunto un nuovo allineamento tra corpo fisico, intelletto e spirito. E a quel punto sarai in grado di manifestare pianamente il tuo grande potenziale e di plasmare la tua nuova vita come vorrai.

RIEPILOGO DEL CAPITOLO 5:

- SEGRETO n. 1: Bisogna fare distinzione tra due tipi di obiettivi: strumentali e finali.

- SEGRETO n. 2: Gli obiettivi finali sono le esperienze che creano gli episodi migliori della tua vita; gli obiettivi strumentali sono qualcosa che in genere si pensa di "dover" realizzare.

- SEGRETO n. 3: La relazione con il denaro dipende da come la si costruisce e da come la si gestisce.

- SEGRETO n. 4: Il più grande ostacolo verso tutte le cose che vuoi ottenere nella vita puoi essere solo *tu*.

- SEGRETO n. 5: Pratica la "personalisciplina" e potrai diventare l'artefice della tua vita.

Conclusione

Giunti a questa pagina, sei a un bivio decisivo: puoi chiudere il libro e non fare nulla o puoi iniziare a dare una vera svolta alla tua vita, iniziando la marcia verso il *meglio di te stesso*, mettendo in pratica tutto ciò che hai imparato e dichiarato. Non ci sono vie di mezzo. Non ci sono scorciatoie. Non ci sono scuse. Ci sei *tu*, con le tue speranze, la tua voglia di migliorare, la tua voglia di vincere. Ci sei *tu* con la *tua vita*. Se vuoi realmente dare il meglio di te, se hai deciso di prendere in mano la *tua* vita, non iniziare domani, ma adesso.

Dichiararsi pronti ad agire non basta. Occorre farlo. Rimandare può essere letale perché limita le tue possibilità. Il dramma più grande è quando una persona decide di non fare nulla. La paura del fallimento, la paura del rifiuto e la paura di non valere abbastanza spesso fanno decidere di non fare niente. Se hai letto tutto e sei arrivato fin qui, sicuramente avrai capito che puoi annullare tutto ciò che ti ha bloccato in una vita ordinaria e che hai tutte le possibilità di ripristinare a monte tutte quelle cose che ti hanno tenuto prigioniero fino a oggi.

Sta a te decidere di applicare tutti gli strumenti dati per evolverti verso una nuova consapevolezza. La consapevolezza del *sei abbastanza*. Finora avevi paura di non essere abbastanza, e per questo motivo sei rimasto sospeso e fermo nella posizione del non fare niente. Adesso che sai di essere abbastanza, puoi agire. Sapere di essere abbastanza, ti darà il coraggio di *fare di più*, di fare *meglio*, di dare *il massimo*.

Se anche dovessi fallire, con la consapevolezza del *sono abbastanza* non sarà più un problema quel rifiuto o la perdita di quegli obiettivi, perché avrai la forza d'animo per affrontare audacemente obiettivi e sogni ben più grandi. Sapere di essere abbastanza, ti metterà in condizione di capire che non sei tu il problema (perché *sei* abbastanza) ma che lo sono il tuo metodo, il tuo approccio alle tue abilità o qualsiasi altra cosa. Non avrai più bisogno di conferme che vengono dalle opinioni esterne o dal raggiungimento degli obiettivi.

195

Vivrai con coraggio e immune alle critiche o alle lodi. Sarai realmente in pace con te stesso e con il mondo che ti circonda.

Buona vita.
Violetta Dima

*****

Se ti è piaciuta la lettura di questo libro e hai piacere ad entrare in contatto con me, puoi farlo da qui:

Profilo Facebook: Violetta Dima
https://www.facebook.com/violetta.dima.9

Posta elettronica:
info@channelvioletta.com

Profilo Instagram:
https://www.instagram.com/dimavioletta/